El Libro para dejar de fumar.
Los **10** pasos para abandonar el
cigarrillo.
Basado en experiencias reales.
Asombrosamente inteligente.
Genial…

¡No gracias, no fumo!

Guía para liberarse definitivamente del cigarrillo que todo fumador debe leer.

Escrito por: Daniel Feldman

Primera Edición
ISBN: 9803900544
Derechos Reservados, 2002
Derecho de Autor
Daniel Feldman
Caracas, Venezuela
Revisión:
Ingrid Porras-Hernández, MBA

Segunda Edición
Derechos Reservados, 2015
Daniel Feldman; DDS, DMD
Cleveland, Ohio
United States of America

Prólogo a la Segunda Edición

El cigarrillo debe tener algo especial, la nicotina debe ser una sustancia que todavía nuestro cerebro no logra dominar, el tabaco debe poseer una magia. Ahora, como ex fumador no sabría cómo explicarlo, pero cuando fumaba lo podía definir muy bien. Hay personas que dicen que fumar es una locura y de hecho ven a los fumadores como unos tontos; éstos son los individuos que nunca lo han probado y hoy por hoy tienen toda la razón. Hay otros que en alguna época de su vida han fumado y probablemente ven a los fumadores con un poco más de comprensión, pero a la vez con cierta lástima, porque además de conocer el daño que se están haciendo saben lo que les va a suceder cuando dejen de fumar, si es que pueden. Los terceros, son los fumadores activos; estos simplemente disfrutan, sencillamente saben lo que les puede pasar y pareciera no importarles, sienten que "eso" no les va a tocar a ellos, que "eso" solamente le sucede a los demás. Ellos describen a la nicotina como la definía yo, como "el mejor y único remedio que ha descubierto la humanidad para controlar la ansiedad".

En la historia hubo quienes pedían como último deseo antes de ser fusilados el fumarse un cigarrillo. Ustedes, personas no fumadoras, y ex fumadoras, ¿por qué creen que estos seres humanos no solicitaban otro último deseo?, ¿por qué no pedían escribirle una carta a su padre o madre, dejarle una nota de despedida a su esposa o esposo y a sus hijos, comerse un chocolate o tomarse una botella de alcohol antes de morir?, ¿por qué un cigarrillo, por qué un sólo cigarrillo y una venda en los ojos...?

En este relato quizás puedan ustedes entender todas estas justificaciones si no fuman y si lo hacen, después de leerlo, quizás no fumen nunca más.

Primera Edición:…Dedicado a mi esposa y a mis hijos que todavía
no han nacido…

Segunda Edición: …Dedicado a mi madre (1945-2010) y a mis tres
hijos...

El Problema

Según el Centro de control y prevención de enfermedades de los Estados Unidos de Norteamérica (CDC, 2010), el uso del tabaco es la primera causa prevenible de enfermedad y muerte prematura a nivel mundial. Cada año, aproximadamente 5.4 millones de personas fallecen debido a enfermedades relacionadas con el uso del tabaco. Se ha pronosticado que esta cifra se va a incrementar a más de 8 millones de personas para el año 2030. En los Estados Unidos, este problema de salud pública es también la primera causa de muerte prevenible, resultando en 443,595 decesos anuales. Se ha calculado que 46.5 millones de Norteamericanos fuman[1]; de estos, 70% quisieran dejar de fumar completamente[2], y cada año, alrededor de 17 millones de adultos fracasan en sus intentos por dejar de fumar[3].

En los Estados Unidos la comunidad Hispana ha llegado a constituir una gran proporción de la población total del país debido a su acelerado crecimiento. Según el la oficina Nacional del censo norteamericano (US Census Bureau, 2004), en el 2003 casi 40 millones de Hispanos vivían en el país, un 78% de aumento en comparación con el año 1990. Se ha estimado que este número va a incrementarse a 102.6 millones para el 2050. Si el pronóstico de este censo es acertado, en el futuro 1 de cada 4 habitantes va a ser de origen Hispano. Por lo general, los Hispanos fuman en un porcentaje menor cuando se comparan con otros grupos étnicos con la excepción del grupo Asiático Americano. En el 2008, aproximadamente 4.8 millones (15.8%) de Hispanos eran fumadores comparados con un 21.3% de Afroamericanos y 22% de Caucásicos.[4] Adicionalmente, se calculó que el número de hombres Hispanos

---

[1] Centers for Disease Control and Prevention (CDC). Cigarette smoking among adults—United States, 1999. MMWR Morb Mortal Wkly Rep 2001;50: 869-873.
[2] CDC. Cigarette smoking among adults—United States, 1993. MMWR Morb Mortal Wkly Rep 1994;43: 925-930.
[3] CDC. Smoking cessation during previous year among adults—United States, 1990 and 1991.MMWR Morb Mortal Wkly Rep 1993;42: 504-507.
[4] Centers for Disease Control and Prevention. National Center for Health Statistics. National Health Interview Survey Raw Data, 2008. Analysis performed by the American Lung Association Research and Program Services Division using SPSS software

fumadores (20.7%) fue casi el doble en comparación con el numero de mujeres Hispanas fumadoras (10.7%). En cuanto a los subgrupos de fumadores Hispanos, los Cubanos (21.5%) obtuvieron el mayor porcentaje seguidos por los Mejicanos nacidos en Norteamérica (20.1%), Puertorriqueños (18.6%), Centro y Suramericanos (12.8%), Mejicanos inmigrantes (11.6%) y finalmente el grupo de Dominicanos (10.7%). En los Estados Unidos el 51.1% de fumadores mayores de 18 años reportaron ser capaces de dejar de fumar. En este estudio se encontró que el porcentaje de exfumadores fue directamente proporcional a su nivel de educación siendo mayor para el grupo Asiático Americano (54.1%), seguido por los Caucásicos (53.1%) y menor entre Afroamericanos (39.9%) y Nativos Americanos (39.7%). El porcentaje de exfumadores Hispanos se mantuvo al promedio de estos grupos étnicos con un 47.9%.[5]Si la prevalencia de fumadores Hispanos se mantiene en el average actual de 18.3% (1990-1999) por los siguientes 50 años, el número de adultos fumadores Hispanos va a triplicarse de 3.8 millones en el año 2000 a mas de 11 millones para el 2050. Como resultado, el hábito de fumar va a continuar creando un serio problema de salud pública dentro de la comunidad Hispana Norteamericana y a nivel mundial en los años venideros.

Por esta razón, un programa especialmente diseñado para cubrir las necesidades de nuestra comunidad y nuestros países en lo referente a la prevención y cesación del uso del tabaco es una urgente prioridad.

Dejar de fumar es difícil. Este libro es una pequeña contribución a la solución de este serio problema de salud pública. Su objetivo principal es servir de guía a los fumadores Hispanos para poder ayudarlos a dejar de fumar.

---

[5] Perez-Stable EJ, Ramirez A, Villareal R, Talavera GA, Trapido E, Suarez L, Marti J, & McAlister A. Cigarette Smoking Behavior Among U.S. Latino Men and Women from Different Countries of Origins. American Journal of Public Health. September 2001; 91(9):1424-30.

Introducción

Mi cenicero

Mi cenicero era motivo de orgullo. ¡Qué cenicero tan sencillo!, estaba hecho de arcilla, tenía tres hendiduras para colocar tres cigarrillos míos y siempre se observaban en él cantidades de colillas acumuladas en forma de pirámide. Mientras más de ellas veía, más importante me sentía. Había fumado más, mi trabajo había merecido más esfuerzo, me sentía como un gran pensador y la persona más increíble de la tierra por su gran capacidad fumadora.

Conseguí este cenicero de unos indígenas del Amazonas que trabajaban con artesanía, y ellos a cambio obtuvieron un short azul marino que me quedaba pequeño. La sonrisa del indígena fue tan sincera que lo guardé con mucho recelo; lo cuidaba como un preciado tesoro y sólo lo usaba para mí por el hermoso recuerdo que me traía de ese inolvidable viaje.

Este libro no solamente habla de este cenicero del Amazonas sino que además esta dirigido a todas aquellas personas fumadoras de cigarrillos las cuales de alguna u otra forma se sentirán identificados conmigo; a su vez, está dedicado a las esposas y esposos, hijos e hijas, padres y amistades de fumadores y fumadoras para que comprendan el por qué un ser querido, inteligente y sensato no puede dejar de fumar a pesar del amor hacia su familia y hacia sí mismo y al conocimiento de los peligros y daños irreversibles que el cigarrillo puede causarle a su salud y a los que lo rodean. A su vez quisiera que mi relato pueda servirle a todas aquellas personas que tengan algún tipo de adicción, ya sea al alcohol, a la cafeína, al chocolate, a la comida, al trabajo, a las drogas ilegales, al sexo y a los juegos de azar; para que vivan conmigo el sufrimiento que produce la abstinencia a una sustancia o situación adictiva. Ésta es una guía de los diez sencillos pero duros pasos que yo utilicé para dejar de fumar, para poder ver con orgullo mi cenicero vacío y para poder cambiar mi historia para siempre. ¿Desea usted cambiar la suya?

Primera Parte

Capitulo I

Mis inicios

Comencé a fumar en el vientre materno. En esa época, a finales de los años sesenta, no eran del todo conocidos los peligros del cigarrillo y miles de madres embarazadas incluyendo la mía, lucían su hermoso vientre con un cigarrillo en la mano. Ya mi madre había fumado durante el embarazo de mi hermano mayor, quien nació un año antes que yo, vivo y aparentemente sano. Nací con nicotina en la sangre, con un embarazo a término y pesé 5 kilos y medio aproximadamente, de hecho, con un peso muy superior al de los niños normales. Durante mi niñez, pienso que afloraron los efectos de la nicotina durante mi desarrollo embrionario pues tuve cuatro neumonías, fui un niño muy delgado, casi ni comía, tuve retardo de crecimiento y prácticamente padecí de todas las amigdalitis, gripes y enfermedades eruptivas de la época; sin embargo, mi desarrollo cerebral normal me permitió ser, desde que recuerde, uno de los mejores estudiantes de la clase y uno de los mejores deportistas del grupo con una excelente coordinación corporal.

Nuestro padre fumó en su adolescencia y en su madurez temprana. Nosotros lo conocimos fumando pipa de vez en cuando hasta que voluntariamente lo dejó cuando éramos muy pequeños; de recuerdo sólo quedan sus fotografías de esa época acompañado de un cigarrillo o de su brillante pipa. En casa, mi hermano y yo le hacíamos la vida imposible a mi madre para que dejara de fumar, todo olía a ese desagradable humo; la sala, el baño, la cocina y ella, si, su ropa y su olor que venía "de adentro". El primer cigarrillo que coloqué en mi boca fue cuando amenazamos a nuestra madre de que si seguía fumando, nosotros nos íbamos a morir junto con ella. La estrategia funcionó; comenzó a dejar de fumar por nosotros y lo logró. Luego, vino al mundo nuestra hermana menor; pero ella, a diferencia de nosotros, nació sin nicotina. Recuerdo en aquellos días los cambios de humor, la ansiedad y las depresiones que nuestra madre sufrió por nosotros cuando dejó de fumar; no lo entendía muy bien y nunca pensé que años después yo iba a pasar por lo mismo. Poco tiempo después de haber cumplido 38 años sin fumar y de haber exitosamente completado su tratamiento contra el cáncer de ovario, ella falleció de cáncer del pulmón con metástasis a los huesos.

El segundo cigarrillo que coloqué en mi boca fue a los trece años - la edad en que los niños comienzan a hacerse hombres - pero esta vez sí lo encendí. Estaba con unos amigos jugando en el patio y uno de ellos, el mayor, que tenía catorce años, se jactaba de decir que él sí podía tragar el humo sin toser y nosotros no. Uno por uno comenzamos a pasarnos el cigarrillo que nuestro "amigo" había encendido. La experiencia fue totalmente desagradable y nuestro "amigo" tenía razón; sentí un calor espeso que bajaba por mi garganta y una necesidad inmediata de expulsar ese veneno que me recordó al olor "de adentro" que tenía mi madre hacía algunos años. Obviamente tosí con fuerza y salí corriendo a lavarme los dientes para quitarme ese sabor a quemado que tenía en mi boca.

Desde ese entonces condené al cigarrillo por varios años; de hecho fui durante mi adolescencia un joven muy deportista dedicándome a la natación donde gané varias medallas y al béisbol y al fútbol donde no lo hice tan mal. Mi cuerpo comenzó tardíamente a desarrollar una musculatura y una forma que llamaba la atención de las jóvenes de todas las edades, me hice muy popular entre mis amistades y en todos los sitios a donde iba. Me llegó la edad de ir a fiestas y mientras mis "amigos" comenzaban a fumar, yo mantenía mi personalidad y me negaba a imitarlos porque sabía que el cigarrillo y el cáncer iban juntos de la mano. La mala experiencia en nuestro hogar, el mal recuerdo de los trece años, y el ejemplo que ahora nos daban nuestros padres sembraron en mí unos principios y valores que iban a ser muy difíciles de romper.

Recuerdo en mi último año escolar a un médico que vino a darnos una charla acerca de los peligros del hábito de fumar. Nos reunieron a todos los alumnos en el auditorio de conferencias, como queriendo darnos a entender que la información que íbamos a recibir era de suma importancia y así lo fue; el doctor nos mostró unas diapositivas en donde comparaba un pulmón extraído de un cadáver de una persona que nunca en su vida había fumado el cual tenía un aspecto rosado, elástico y saludable, con un pulmón de un individuo que fumó durante toda su vida y falleció de cáncer; su órgano era de un color marrón negruzco, fibroso y de aspecto necrótico. La diferencia era enorme y clara: el cigarrillo afectaba los pulmones, no había discusión al respecto. A su vez, el médico nos mostró unas diapositivas de radiografías de tórax de un pulmón sano de un paciente que nunca había fumado en su vida, y de un paciente fumador con cáncer en el pulmón en donde se veía claramente la diferencia y se asociaba directamente al cáncer del pulmón con el hábito del cigarrillo. Todos los estudiantes quedamos impresionados con esa magistral exposición; por un lado, los alumnos que fumaban quedaron aterrados, mientras que por el otro, yo me sentía muy orgulloso de nunca haber fumado en mi vida. Le comenté a mi familia de esa charla y todos estábamos muy felices de ser unas personas sanas y sin vicios. ¿Recuerda usted cómo era antes de comenzar a fumar?

Las cosas cambiaron cuando entré en la universidad, mi carrera era muy exigente y me obligaba a estudiar mucho sobre todo a altas horas de la noche. A su vez en esa época tenía que asumir mi rol de galán y salía mucho a fiestas, iba a la playa y frecuentaba todos esos sitios en donde el humo del cigarrillo que flotaba en el ambiente casi no dejaba ver. Sin embargo, todavía era un joven sano, feliz y mi único mal hábito era el de comerme las uñas de las manos.

Capítulo II

El primer cigarrillo

Comencé a fumar a los veintiún años de edad de la manera más estúpida y ridícula posible; tenía una novia que fumaba muchísimo y como se podrán imaginar me asqueaba besarla porque sentía que me comía un cenicero. Mi ingeniosa novia me contó que si las dos personas que se van a besar comen ajo o cebolla, el mal aliento se anula porque los dos lo tienen y que lo mismo sucedería si las dos personas fumaban. Ella tenía razón, comencé a fumar y los besos ya no sabían mal, inclusive, jugábamos a pasarnos el humo de una boca a la otra. Seguí fumando esporádicamente, ya había terminado con esa novia que por lo visto no me dejó nada bueno y fumaba sobre todo en esas largas noches de trasnocho cuando estaba estudiando para los exámenes y para mantenerme despierto ¡Qué bien me hacía fumar en ese entonces!, me mantenía alerta, con las neuronas a millón, y, conjuntamente acompañado con litros de café negro, me ayudaba a sacar excelentes notas en mis evaluaciones. Otras veces fumaba en las discotecas cuando tomaba algún trago o en la playa, pero eran pocos cigarrillos; siempre se los pedía a algún fumador y no pasaban de cinco diarios.

Yo no fumaba para verme mayor pues ya con veintiún años era más que mayor de edad; tampoco lo hacía para agradar a los demás o para llamar la atención pues con mi sola personalidad era más que suficiente. Yo fumaba simplemente porque me gustaba, porque pensaba que tenía el control sobre "eso" y porque creía que los principios, ejemplos y valores que me habían inculcado en mi casa eran más fuertes que cualquier cigarrillo y que lo podía manejar y dejar cuando quisiera. Pero no fue así, estaba completamente equivocado.

La nicotina - tardó unos tres meses de fumar ocasionalmente para causarme adicción - pasó poco a poco por mi torrente sanguíneo, llegó lentamente a cada una de mis células y fue estimulando mi química cerebral y causando en mí una serie de sensaciones y placeres que nunca antes había experimentado. En realidad no fue tan rápido como en otras personas, pero me sentí adicto cuando con mi propio dinero me tuve que comprar la primera caja completa de cigarrillos para mí solamente. Fue en estos días cuando hice mi viaje al Amazonas; para esa aventura recuerdo haber comprado cartones de cigarrillos y fue en esa época cuando encontré mi cenicero. ¿Recuerda usted cuándo se hizo adicto? Desde ese momento comenzaron a ocurrir importantes cambios que marcaron mi vida para siempre.

Capítulo III

La adicción

La adicción, la describo de manera muy sencilla, como la necesidad continua, la dedicación, la inclinación hacia algo, el apego a una sustancia, la dependencia, la sujeción, la subordinación, la obligación de hacer algo repetidamente para sentir que todo está funcionando bien, es como la sensación de comer y sentirse satisfecho cada vez que uno quiera; es algo que no se puede dejar, porque si se deja, se pierde el control. Es un sentimiento de que si uno no tiene la sustancia, prácticamente no puede vivir ni sentirse bien en la vida. La adición es como estar amarrado a algo que no se puede soltar, es una cuerda resistente al amor propio, a la salud y al bienestar, al cariño de nuestros seres queridos y que nos ata a un camino difícil de cambiar.

Científicamente, interpreto esto con lo que sucede en nuestros cerebros con una sustancia química que se llama dopamina. La dopamina es la sustancia de gratificación cerebral que se libera normalmente cada vez que hacemos un acto de supervivencia. Cuando comemos, bebemos líquidos, vamos al baño y hacemos el amor se produce una sensación de placer porque se libera la dopamina y esto hace que nosotros busquemos realizar estos actos de manera repetitiva como instinto para poder sobrevivir. Pero, además de estos aspectos naturales de la vida diaria, existen sustancias químicas que también estimulan la liberación de dopaminas en nuestro cerebro como lo son: la nicotina, la cafeína, el alcohol, los sedantes o hipnóticos, el cannabis, los alucinógenos, las anfetaminas y similares, la cocaína, los inhalantes, los opioides, la fenilciclina y todas sus combinaciones posibles. Estas sustancias adictivas nos hacen depender de ellas y generalmente las buscamos para sentir placer y gratificación; las personas las utilizan porque disfrutan sus efectos sobre el cerebro, porque modifican el ánimo y la percepción y, en general, porque evitan el displacer. La motivación para su uso se asocia con su efecto agudo o crónico sobre la afectividad, las cogniciones y la conducta. En el caso específico de la nicotina, la cual es la más adictiva de todas, está disponible en todas partes y es de carácter legal; existe un efecto que llama mucho la atención, es generalmente utilizada para suprimir la ansiedad. La ansiedad es el famoso estrés que nos causa cualquier situación que altera el equilibrio de nuestra vida diaria en mayor o menor grado, y les juro, que no he conocido en toda mi vida un remedio mejor para quitar la ansiedad que la nicotina.

Hay personas que calman la ansiedad comiendo un chocolate o cualquier otra cosa, otros se toman un café, algunos recurren al alcohol para sentirse mejor y otros hacen ejercicios para drenar esta ansiedad.

Desgraciadamente, el chocolate o cualquier otra golosina que uno coma continuamente, nos cambian nuestra figura y nos hacen aumentar de peso y esto no está muy bien visto en nuestra actual sociedad.

El café, a pesar de que sí alivia mucho la ansiedad, puede causar un pequeño dolor de cabeza a finales de la tarde que sólo se quita tomando otro café; el problema comienza al acostarse a dormir en la noche. Uno de los principales efectos de la cafeína es que acelera el metabolismo y suprime el sueño, es decir, no deja dormir.

El alcohol, aunque calma la ansiedad tampoco lo podemos utilizar constantemente porque, además de causar una enfermedad conocida como alcoholismo, disminuye la percepción de nuestros sentidos, nuestra capacidad de concentración y de trabajo y el olor de alguien que ha tomado se reconoce a distancia.

Finalmente, el ejercicio, el cual es la mejor solución para quitar la ansiedad, no lo podemos realizar a cualquier hora, en cualquier sitio ni en cualquier momento; por ejemplo, si estamos atascados en un tráfico y tenemos una reunión importante a la cual estamos llegando retrasados, dentro del vehículo no podemos ni trotar, ni hacer aerobics, ni caminar, ni hacer yoga, ni Tai Chi, ni hacer pesas o máquinas para quitarnos la ansiedad. Pero hay algo que sí se puede hacer en este tipo de situaciones: fumarse un cigarrillo.

El cigarrillo es una medicina que uno tiene a la disposición en el bolsillo de la camisa; lo venden en cualquier sitio, a cualquier hora, es económico y en el peor de los casos uno puede pedirle a otro fumador, inclusive de vehículo a vehículo atascado en un tráfico, que le regale uno. Fumarse un cigarrillo en una situación como ésta te hace sentir sin ansiedad; probablemente ya uno esta más tranquilo y tiene tiempo para pensar en que de todos modos va a llegar a su destino y que las personas igualmente tienen que esperarlo para la reunión. Así que ahora todo está bien, todo está bajo control.

Quiero insistir en el concepto de la adicción; cuando el doctor que nos vino a dar la charla de los daños del cigarrillo nos habló del cáncer bucal, de garganta y del pulmón, del enfisema pulmonar, del infarto cardíaco y de los problemas de salud asociados al cigarrillo, nunca nos dijo que el que comenzaba a fumar, una vez adicto, NO LO IBA A PODER DEJAR. Si yo hubiese sabido esto último, de seguro nunca hubiese fumado. Yo tomé el riesgo de fumar sabiendo que podía enfermarme y hasta morir de cáncer, pero quizás dentro de mí pensaba que solo fumaría por una época, por unos pocos años o hasta que yo quisiera y que después lo dejaría fácilmente y asunto arreglado; pero me equivoqué, el cigarrillo está natural y científicamente diseñado para no dejarse JAMÁS. Yo nunca he entrado en una tabacalera o fábrica de cigarrillos pero me imagino que debe haber un departamento de investigación altamente sofisticado, con científicos de primera línea estudiando la parte adictiva de la nicotina…

Ciertamente dejar de fumar es sumamente difícil; sólo un pequeño porcentaje de las personas que tratan de hacerlo lo consiguen y muchas veces se necesita de varios intentos. Una amiga mía, fumadora, que fue operada dos veces de tumoraciones en los pulmones todavía fuma; otro familiar mío sufrió de cáncer en la garganta por fumar y perdió completamente las cuerdas vocales, la adicción era tal que fumaba por el orificio que le habían hecho en la traquea o traqueotomía. Otro familiar falleció de cáncer en el pulmón a la edad de 56 y a tan solo tres meses antes del matrimonio de su hija porque nunca dejó de fumar. Mi hermano nunca conoció a su suegro el cual murió de cáncer pulmonar a los 58 años de edad. Mi madre falleció de cáncer del pulmón a los 65 años y nunca conoció a dos de sus nietos. Una vez vi un programa en la televisión sobre pacientes terminales con enfisema pulmonar o cáncer en el pulmón a los cuales le hicieron una encuesta en donde les preguntaban si cuando comenzaron con el hábito conocían que el fumar cigarrillos era nocivo para su salud, y todos contestaron que sí ¿Sabe usted que el cigarrillo es nocivo para su salud?

Capítulo IV

El placer de fumar

A pesar de que conocía los problemas persistentes que ésta me ocasionaba, la nicotina producía varios efectos positivos en mi organismo; me mantenía cerebralmente muy atento para estudiar o concentrarme en el trabajo, aceleraba mi metabolismo, suprimía mi apetito, me regularizaba las ganas de ir al baño a defecar, y me producía placer o gratificación cerebral después de comer, al tomar café o alcohol, después de hacer el amor y, en general, en cualquier situación en la que mi cerebro producía dopaminas; éstas se multiplicaban y magnificaban.

Fumando todo el día me sentía muy contento; la poca ansiedad que comenzaba a alterarme, era inmediatamente suprimida con una efectiva dosis de nicotina. Recuerdo el placer que me causaba sacar la caja de cigarrillos de mi bolsillo, tomar uno de ellos con mucha seguridad y destreza, colocarlo en mi boca por unos segundos sin encenderlo, prender un fósforo, un yesquero o un zippo, inclinar mi cabeza de medio lado, fruncir el ceño, cerrar mis largas pestañas y avivar las llamas por completo para aspirar un delicioso humo que luego de sentirlo en mi boca, hacerlo pasar suavemente por mi garganta y depositarlo en mis pulmones, me hacía disfrutar de una sensación única en todo mi cuerpo después de tan sólo pocos segundos; valía la pena repetirlo veinte veces al día en diferentes oportunidades.

Si, ya me estaba fumando una caja de cigarrillos diaria y me iba muy bien; terminé con éxito mi carrera universitaria e inclusive hice un postgrado del cual me gradué con notas sobresalientes. Se podrán imaginar que en mis fotos de graduación, salía con mi fiel acompañante durante mis estudios: mi cigarrillo en la mano. Para trabajar me venía de maravilla; irónicamente mi profesión está relacionada con el área de la salud y entre paciente y paciente salía a las escaleras del hospital a liberar las tensiones. De hecho, mis pacientes se asombraban de la paciencia que yo tenía con ellos y de la buena atención y buen trato que les ofrecía; claro, ellos no sabían mi secreto para controlar la ansiedad porque todo el tiempo estaba masticando chicles de sabores fuertes y siempre me colocaba una deliciosa colonia para disimular el olor a cigarrillo.

Desde que comencé a fumar a los veintiún años nunca más hice ejercicios; ya no era necesario, como fumar controlaba el apetito y aceleraba el metabolismo, siempre me encontraba delgado, estaba en buena forma, me veía muy bien y además tenía la costumbre de mantener una dieta baja en grasas y en calorías. A mis novias no les importaba mucho que yo fumara y mi éxito con las mujeres no disminuyó, más bien, me sentía muy atractivo cuando encendía mi cigarrillo.

Para ir al baño era maravilloso; era automático, el solo hecho de sentarme y encender un cigarrillo era un asunto de causa y efecto. Nunca llegué a sufrir de estreñimiento y disfrutaba enormemente mis momentos de ir al baño tomándome mi tiempo inclusive para leer.

Después de comer, no sé por qué, la digestión comienza mejor si uno se fuma un cigarrillo, debe ser porque se potencian las dopaminas que se producen con la comida. Realmente es uno de los momentos del fumar que más se disfrutan en la vida; después de cada desayuno, almuerzo, cena y en cualquier merienda, el paso del maravilloso humo hacia mi estómago producía un efecto mágico que se mezclaba con la comida y mejoraba la asimilación de los alimentos.

También, tomar un café con una buena compañía y un cigarrillo era demasiado agradable; saborear un café del trópico, negro y con un toque de miel o azúcar morena y canela, conversando de filosofías, ciencias, arte, un interesante libro o de cualquier tontería con una persona grata, te hacía pasar una tarde completa y te hacía fumar por lo menos media caja de cigarrillos sin darte cuenta. Pero el café negro junto con el cigarrillo también potencia las ganas de ir al baño. Un día me sucedió algo muy gracioso con un doctor amigo mío. Nos encontramos para desayunar en un famoso café para hablar de un proyecto de investigación muy importante que íbamos a realizar y luego del desayuno con unos pasteles y un jugo de naranja, nos tomamos un café negro y encendimos un cigarrillo para bajar bien la comida y acelerar nuestras neuronas para la conversación del proyecto. La reacción fue inmediata; al primer sorbo del café y la primera aspiración del humo, mi amigo y yo nos comenzamos a sentir inquietos, soltamos una carcajada, pagamos inmediatamente la cuenta y cada quién se fue corriendo para su casa con unas ganas de ir al baño de emergencia; ese día no se habló del proyecto de investigación.

Con respecto al alcohol, siempre pensaba que tomar sin fumar es como no tomar, de hecho son una pareja inseparable. La mayoría de las personas no pueden dejar de fumar simplemente porque no les gusta tomar alcohol sin fumar, y también existen personas que no son fumadores habituales pero solamente fuman cuando toman alcohol porque se sienten increíbles. Esta sensación de tomar y fumar siempre la recordaré con agrado, ¡qué sabroso era tomarse una cerveza, un sofisticado whisky, un dulce ron, una suave ginebra, un sobrio brandy, un transparente martíni, bajar un shot de tequila o disfrutar de cualquier trago tropical exótico con un cigarrillo en la mano!, esto me hacía sentir como si flotara en las nubes pero con los pies en la tierra. ¡Qué divertido era ver un juego de béisbol y tomarse una cerveza por inning junto con un cigarrillo o dos por inning y por supuesto, que ganara tu equipo preferido!, y ¡qué bueno era fumar y tomar viendo los juegos de las diferentes ligas de fútbol!

Por último, ¡qué satisfacción producía fumarse un cigarrillo después de hacer el amor con la persona amada!, el relax, la gratificación, el disfrute, te hacía flotar por las nubes esta vez con los pies en el cielo como prolongando el orgasmo más allá del placer carnal, de una manera que es difícil de describir en estas líneas. ¿Le gusta a usted fumar tanto como me gustaba a mí?

Entonces, si una persona se siente realmente de esta manera y está feliz en la vida, ¿por qué debe dejar de fumar?, ¿por qué debe volver a sentir la ansiedad que sufren las personas que no fuman?, ¿por qué debe soltar a ese fiel acompañante de todos estos buenos momentos y estos grandiosos años que nos brinda una excelente calidad de vida sin estrés? Mi abuelo - que fue fumador pero pudo dejarlo a tiempo - siempre decía en broma "si fumas te mueres, y si no fumas, también te mueres", entonces ¿qué más da?, sigue fumando y sé feliz. Mi abuelo tenía razón en parte, pero el problema radica en que si fumas te mueres aproximadamente diez años antes de lo que te ibas a morir si no fumas.

Capitulo V

¿Por qué?

Por mi parte, yo pensé que nunca iba a poder dejar de fumar. En primer lugar, a pesar de todo, estaba contento con mi vicio, al igual que usted seguramente. En segundo lugar tan sólo tenía doce años fumando por lo que no se había producido todavía en mí ninguna manifestación dañina por lo menos que se pueda percibir causada por el cigarrillo. Entonces, ¿por qué dejé de fumar?

Si les digo la verdad, nadie me estaba obligando y yo ni siquiera quería; mis padres y hermanos sabían que fumaba, mi padre cuando se enteró solamente me dijo que nadie mejor que yo por mi profesión, sabía el daño que me estaba haciendo. Mis amigos lo toleraban y a mis pacientes no parecía disgustarles pues la verdad ninguno me comentó algo al respecto. Ya había cumplido treinta años de edad, llevaba nueve años fumando y me enamoré.

Conocí a mi actual esposa con un cigarrillo en la mano y un vaso de whisky en la otra; ella, una mujer muy hermosa, de ojos grandes y verdes, pestañas largas, abundante cabello, de un cuerpo escultural, de una simpatía desbordante, de una sencillez sofisticada y de una inteligencia práctica, no fumaba ni tomaba alcohol. Era una persona normal; realmente no tenía ningún vicio, no le gustaba ni siquiera el café, comía moderadamente y no apostaba; es decir, sabía controlar su ansiedad por ella misma, de manera natural, sin la ayuda de ninguna sustancia y era feliz.

Nuestro noviazgo duró dos años y medio y finalmente nos casamos por lo civil y por lo religioso. Durante todos esos inolvidables momentos yo seguía fumando y lo más maravilloso era que ella no me decía nada; claro, ella hubiese preferido que yo no fumara pero se había enamorado de mí con mis defectos y virtudes, ya se había casado y yo era fumador; es decir, no me podía decir absolutamente nada ni obligarme o reprocharme el hecho de fumar porque ya yo lo hacía desde el día en que me conoció. "Tenía la excusa perfecta para nunca dejar de fumar" ¿Tiene usted la excusa perfecta para no dejarlo?

Por otro lado, mi esposa sufre de rinitis alérgica; es decir cualquier polvo, olor fuerte o cualquier cosa que le toque la nariz, puede desencadenarle una crisis alérgica lo cual es muy desagradable para ella, incluyendo al humo del cigarrillo. Sin embargo, ella toleraba el olor de fumador que quedaba en la habitación, en el baño, en el vehículo, en la ropa o en mí; mi olor que venía "de adentro". Lo que le afectaba era si mi humo le caía directamente hacia su nariz y eso sencillamente era lo que yo trataba de evitar. Nunca le soplé mi humo en su cara y ella toleraba mi hábito sin ningún problema. Entonces, ¿por qué dejar de fumar si hasta mi esposa alérgica al humo del cigarrillo me lo permitía?, ella misma me compraba mis cajas de cigarrillos para que no me fuera a dar ni un minuto el síndrome de abstinencia.

En realidad, sí existía un motivo, más bien miles de motivos: el futuro, los hijos que aún no tenía, darles el ejemplo, poder correr con ellos sin cansarme, poder reírme a carcajadas sin tener que toser al final, los momentos de vejez para disfrutar con mi esposa, poder ver a mis nietos, poder tener más días de vida para lograr mis metas profesionales, tener una buena calidad de vida en mis años dorados y una muerte digna sin sufrimientos ¿Tiene usted algún motivo para dejar de fumar?

Capítulo VI

¿Cuánto?

Un día quise conocer cuánto había fumado; el problema es que es difícil saberlo. El cigarrillo se convierte en humo y éste no es fácil de medir. Nunca había calculado cuántos cigarrillos me había fumado; sabía que eran bastantes, también conocía que había probado cigarrillos de casi todas las partes del mundo pues, además de las grandes marcas internacionales, cada país tiene su propio tabaco. Había probado cigarrillos estadounidenses, españoles, mexicanos, dominicanos, chinos, puertorriqueños, turcos, rusos, israelíes, venezolanos, italianos, brasileños, canadienses, argentinos, colombianos, chilenos, griegos, ecuatorianos, japoneses, peruanos, uruguayos, paraguayos, panameños, portugueses, costarricenses, australianos, cubanos y de tantos otros sitios que mi memoria no recuerda; pero, ¿cómo saber cuántos fueron?

Muchas veces, nosotros como seres humanos necesitamos ver para creer y nos es muy importante saber cuánto tenemos o cuánto alguien ha podido hacer. Cuando se tiene dinero en el banco a uno le gusta saber de cuánto dispone, cuánto gastó y hasta calcular con cuánto dinero va a contar para el futuro de su familia y para sus años de vejez; cuando tenemos un terreno, nos interesa conocer cuántos metros cuadrados mide, cuánto dinero puede costar o cuánto puedo construir en él; cuando observamos un juego de béisbol, queremos tener la información de cuánto de average batea el jugador, cuántos strikes ha lanzado el pitcher, cuántos errores ha cometido el short stop y cuántos juegos ha ganado el equipo y, cuando vemos un partido de fútbol, nos interesa saber cuántos goles se han metido, cuántas faltas se han hecho, cuántas tarjetas amarillas y rojas han sacado y cuántos minutos faltan para que suene el silbato final.

Cuando se es fumador, también es importante saber de manera objetiva cuánto se ha fumado, para poder ver con nuestros propios ojos si ya es suficiente. Si realmente queremos verlo para creerlo, podemos usar simples matemáticas.

En mi caso en particular quise verlo antes de dejar de fumar y saqué las cuentas de que fumando una caja al día por doce años equivale a 365 cajas multiplicado por 12, lo que es igual a 4,380 cajas. Si cada caja tiene 20 cigarrillos, quiere decir que me fumé el equivalente a 87,600 cigarrillos en mi vida aproximadamente. Pienso que objetivamente ya puedo ver cuanto fumé, inclusive puedo calcular cuanto dinero gasté en cigarrillos a lo largo de mi vida y pensar que otras cosas que ahora necesito me pude haber comprado. El costo average de una caja de cigarrillos en los Estados Unidos es $5, dependiendo del estado en donde se adquiera. En ciudades como Nueva York, a este precio hay que agregarle $4.25 en impuestos. Tomando en cuenta el precio average, durante el transcurso de mi etapa de fumador gaste un total de $21,900 solamente en cigarrillos. Este número no incluye consumos en fósforos y yesqueros o gastos médicos/dentales secundarios. ¿Ha calculado usted cuanto ha fumado a lo largo de su vida?, bastante, ¿verdad?, lo cierto es que para mí 87,600 cigarrillos y $21,900 fueron suficientes.

Imagínese ahora que usted comenzó a fumar a los 12 años de edad, que fuma una caja diaria y que ahora tiene 70 años: usted ha fumado 21,170 cajas a lo largo de su vida lo que equivale a 423,400 cigarrillos y $105,850. Calcule ahora el tamaño de la habitación que necesita para almacenar todo lo que se ha fumado ¿No le parece que ya es suficiente?

Estoy seguro de que personas con otros problemas de adicción como el alcoholismo, la drogadicción y la bulimia, también pudieran cuantificar objetivamente cuánto de esas sustancias han consumido a lo largo de su vida y también estoy seguro que más de un alcohólico pudiera llenar de licor una piscina olímpica con todo lo que se ha bebido.

A partir de este momento comenzó mi gran problema; ya había visto cuánto había fumado, ya sabía que 87,600 cigarrillos y $21,900 fueron suficientes para mí, ya tenía la disposición y tenía los motivos, pero, ¿saben qué? No podía dejar de fumar ¿Puede usted dejar de fumar ahora?

Capitulo VII

Primeros intentos

La adicción me dominaba, mi única solución hubiera sido no haberlo probado JAMÁS, pero ya era demasiado tarde; estaba esclavizado a la nicotina, me encontraba amarrado a sus encantos, dependía de ella para vivir, no podía estar un minuto sin sentir una caja de cigarrillos en mi bolsillo, no podía estar sin ver cajas de cigarrillos en mis gavetas, en mi vehículo o escondidos en el consultorio y no podía dejar de fumar.

Mucha gente me aconsejaba: "déjalo de una sola vez"; mi madre inclusive me contó "yo un día boté la cajetilla de cigarrillos a la basura, y desde ese día no fumé más". Yo traté de hacer eso y no funcionó; claro, luego de dos horas transcurridas desde que boté la cajetilla a la basura ya me estaba comprando la otra en la tienda más cercana. Otras personas me dijeron que fueron donde un médico que los hipnotizó y dejaron de fumar. Muchos me hablaron de unas conferencias en grupo en donde hacían dejar de fumar; allí, el conferencista los ponía a fumar a todos un cigarrillo tras otro hasta el cansancio. Algunos amigos me contaron que las terapias de reemplazo con parches de nicotina los ayudaron muchísimo o que dejaron de fumar tomando el Clorhidrato de Bupropión que es un controversial antidepresivo de prescripción médica. Finalmente, otras amistades aconsejaban que para dejar el vicio no había nada mejor que comenzar con una rutina de ejercicios físicos para liberar la ansiedad.

Un día me propuse dejar de fumar y le prometí a mi esposa que en ese mes de diciembre que tenía dos semanas de vacaciones, que iba a tener poca ansiedad y pocas presiones iba a comenzar a dejar de fumar. Dejar de fumar es la única promesa que uno hace que de verdad no cumple ¿Ha hecho usted alguna vez esta promesa? ¿La ha cumplido? Aguanté seis largos, angustiosos, tensos y desagradables días, pero en lo que me vino la primera situación que me produjo ansiedad, inmediatamente comencé a fumar de nuevo. Fue un 31 de diciembre, el año nuevo; la familia de mi esposa estaba celebrando y nos encontrábamos con familiares y amistades tomando licor. La asociación natural del alcohol con la nicotina me causó una situación de ansiedad; sé que la situación fue tonta, pero no la pude controlar y encendí mi cigarrillo. Inmediatamente, comencé a sentir cómo la nicotina recorría mi cuerpo, pude percibir el flujo de mi torrente sanguíneo y hasta cómo me pasaba por entre los dedos de los pies causándome una sensación única de placer y de relajación que quitaba mi ansiedad, solucionaba mis problemas y me devolvía el control total sobre mi vida.

Realicé nuevos intentos durante varias veces en ese año comenzando el día viernes para descansar el sábado y el domingo sin tensiones, pero ya el lunes por las presiones en el trabajo, estaba fumando de nuevo; me sentía como las personas que sufren de obesidad y comienzan una dieta el lunes y la terminan el martes.

Entonces, comencé a preguntarme: ¿por qué una persona inteligente, que conoce los daños que causa el cigarrillo, que se quiere a sí mismo y que tiene personas que lo aman a su alrededor, no puede dejar de fumar? Sencillamente por la adicción, por la atadura, por la seguridad que nos brinda la nicotina para controlar la ansiedad; pero entonces, ¿cómo hacen las personas normales que no fuman para controlar la ansiedad, cuál es su secreto?, sabemos que algunas comen algo más, sabemos que otras hacen ejercicios, sabemos que no toman mucho alcohol ni consumen drogas y son felices en la vida, como mi esposa. Siempre me preguntaba por qué yo no podía ser así, por qué no podía ser normal ¿No se ha hecho usted la misma pregunta?

Entonces, les voy a contar mi secreto de cómo hice para dejar de fumar, cómo comencé a dejar el cigarrillo, cómo efectivamente lo pude hacer y cómo rompí las ataduras con diez sencillos pero duros pasos; pero también, voy a compartir con ustedes cómo me sentí, les voy a describir con todo lujo de detalles mis sufrimientos para que cuando ustedes lo dejen, ya sepan en mayor o menor grado qué es lo que pueden sentir, y así no les suceda lo mismo que me pasó a mí porque sencillamente, nadie me lo había dicho.

Hay muchas personas que han dejado de fumar, pero hay pocas que parecen recordar lo que vivieron en esos momentos. Yo los tengo frescos en mi memoria y nunca podré olvidarme de ellos como verán a continuación:

Segunda parte

Capitulo I

El primer paso

¿Qué hacer? La decisión y el apoyo

El primer paso en algunas cosas de la vida es difícil de tomar. Cuando era un niño y estaba empezando a jugar béisbol, el manager del equipo me dio la seña de robarme la segunda base; era mi primera vez y no sabía cuando dar el primer paso, me era difícil calcular el momento exacto en que el pitcher iba a comenzar a hacer su movimiento y cuando iba a ser el momento preciso en el que yo debía arrancar a correr desde la primera base para alcanzar la segunda base exitosamente. En ese entonces, por la decisión que ya estaba tomada, mi entrenamiento previo, la seña de mi manager y el apoyo de mi familia que me estaba viendo desde las tribunas, pude robarme la segunda base sin que me sacaran out en mi primer intento. La primera vez que jugué al fútbol y estuve solo frente a la portería con el balón en mis piernas tampoco sabía que paso dar, pero mi duro entrenamiento, el apoyo de los otros jugadores de mi equipo y las ganas de meter mi primer gol, lo hicieron todo más fácil; di el primer paso con la pierna derecha para tomar impulso y chuté con la izquierda hacia la esquina superior derecha de la portería para colocar mi primer gol.

Hay otros pasos en la vida que son más difíciles de tomar, como el de elegir la carrera universitaria adecuada que vamos a estudiar, el aceptar entre varias oportunidades de trabajo cuál es el más indicado, el tomar la decisión de contraer matrimonio y la responsabilidad que eso conlleva y, por supuesto, dejar de fumar ¿Ha tomado usted algún paso importante en su vida?

El primer paso para dejar de fumar es estar enfocado y tener la decisión de dejar de fumar como cuando yo debía robarme la segunda base o cuando estaba solo frente a la portería; ya la decisión estaba hecha y ya alguien me había dado la seña y el apoyo. Estoy seguro de que dentro de cada uno de ustedes que son adictos, ya esta decisión la han pensado y la seña y el apoyo que estaban esperando seguramente es este libro.

El problema radica en que no saben qué hacer después. El primer secreto es el de participar que la decisión está hecha a todos nuestros seres queridos para recibir su apoyo pero sin hacer promesas; porque hay veces que se necesitan de varios intentos, de un entrenamiento, y a ninguno de nosotros nos gusta hacer promesas que no vamos a cumplir.

Como ya todos sabemos, las únicas personas que realmente nos aman son nuestros familiares y a pesar de que nosotros no los elegimos a ellos, ellos sí nos eligieron a nosotros porque nos concibieron, nos pensaron, nos desearon, nos trajeron a la vida y nos educaron lo mejor que pudieron, lo cual hay que agradecérselos eternamente. Igualmente la familia que nosotros elegimos y los hijos que nosotros tendremos, pensamos, deseamos, traeremos a la vida y educaremos, son una fuente de apoyo y comprensión muy poderosa para ayudarnos, inspirarnos y comprendernos a la hora de comenzar a dejar de fumar. Además de nuestros familiares, también existen los amigos y amigas, quienes comparten mucho de nuestro tiempo y que nosotros también elegimos; ellos también nos pueden servir de pilar y de sostén a la hora de dejar de fumar. Los colegas, compañeros y compañeras de estudio y de trabajo también pueden ser muy útiles para esta noble causa y en el caso de no contar con familiares, amigos y amigas o compañeros y compañeras, podemos utilizar desde un principio ayuda profesional para lograr este importante apoyo ¿Cuenta usted con alguien para apoyarlo?

Capítulo II

El segundo paso

Disminuir la cantidad. ¿Cómo hacerlo?

En nuestras vidas hay muchos segundos pasos que tomamos; algunos de los míos fueron cuando empecé a correr para alcanzar la segunda base, cuando chuté a la portería, cuando inicié el primer día de clases en la universidad o el primer momento en el trabajo, cuando compré el anillo de compromiso para mi novia y cuando comencé a dejar de fumar ¿Ha tomado usted algún segundo paso importante en su vida?

Mi segundo paso comenzó cuando empecé a disminuir la cantidad de cigarrillos que fumaba, como si fuera un entrenamiento, pero esta vez no era ni de béisbol ni de fútbol. Generalmente, me fumaba dos cigarrillos al despertarme con un café negro para ir al baño, uno más después de desayunar, otros dos en la hora de tráfico para llegar a mi trabajo a las 8:00 de la mañana, cuatro más en el transcurso de la mañana entre paciente y paciente o entre café y café, otro más después del almuerzo, cuatro más en la tarde entre paciente y paciente o entre café y café, dos más en la hora de tráfico para llegar a mi casa, uno más después de la cena, otro después de hacer el amor, y, el último, antes de dormir. En promedio, fumaba 19 cigarrillos diarios; prácticamente una caja. Inclusive cuando veía que me quedaban cuatro o cinco cigarrillos, ya me estaba comprando la otra caja para no llegar a sufrir del síndrome de abstinencia. Si por suerte era un fin de semana, había alguna fiesta en dónde tomaba alcohol o me encontraba en la playa, esta cantidad de cigarrillos aumentaba considerablemente hasta el punto de duplicarse.

Si uno se pone a pensar y a contar cuántos cigarrillos diarios se fuma que son innecesarios, uno se queda impresionado; realmente, considero que el 75 % de los cigarrillos que fumamos al día están de más: uno sobra para ir al baño, los dos en el tráfico, los ocho entre paciente y paciente y los otros dos en el tráfico no son estrictamente necesarios y el de hacer el amor más el de antes de dormir pueden reducirse a uno solo. Por lo tanto mi segundo y muy importante paso, fue el de comenzar fumando solamente la cantidad de cigarrillos que eran realmente necesarios: uno para ir al baño, uno después de cada comida y uno antes de dormir. Llegué al punto de reducirme a cinco cigarrillos diarios en el transcurso de una semana y me sentía bien. ¿Cree usted que se sentiría bien disminuyendo la cantidad de cigarrillos diarios?

Los primeros días me sentía extraño; no mal, más bien yo diría que era más por la costumbre o el hábito que por la disminución de la nicotina, sobre todo al manejar. Podía conducir perfectamente pero creía que me faltaba algo. Traté de compensar eso escuchando música alegre en vez de las malas noticias en la radio y podía llegar de mi casa al trabajo sin tanta desesperación; claro, sí se sentía una diferencia, pero para esos momentos de la semana todavía era soportable y controlable. Igualmente para trabajar no tuve mucho problema; sabía que a la hora del almuerzo a mediodía iba a fumar, así que lo único que tenía que hacer era concentrarme en mi trabajo y tratar de no pensar en la nicotina pues de todos modos pronto la iba a obtener para poder así trabajar en la tarde. En ese entonces estaba convencido de que la nicotina era imprescindible para un óptimo desempeño en mis labores diarias. En el tráfico de vuelta, había cierta desesperación pero se podía aguantar; de todos modos sabía que al llegar a casa tenía mis recompensas: la cena, el cigarrillo y un beso de mi esposa. Por último, la noche antes de acostarme no se hizo tan larga; todavía me quedaba uno: el de después de hacer el amor o el de antes de dormir. Así que no hay que desesperarse. Ésta fue la secuencia que yo utilicé según mi profesión, mis hábitos, mis costumbres y mi vida; es normal pensar que en usted tendrá ciertas modificaciones según la suya, lo importante es que disminuya la cantidad de cigarrillos hasta fumar solamente los que sean necesarios: cinco cigarrillos diarios y comience así con su entrenamiento previo para dejar de fumar. Ésta fue mi semana de despedida del cigarrillo; les confieso que la disfruté mucho y no perdí el control. Lógicamente, todavía recibía la nicotina en mi cuerpo, pero esta vez de manera dosificada y en menor cantidad. Así estaba entrenando y acostumbrando a mi mente y a mi organismo para el siguiente, el tercer paso.

Capitulo III

Tercer paso

El truco de comenzar con presión

Éste es el punto decisivo entre dejar de fumar verdaderamente o sólo hacer intentos frustrados.

Dejé de fumar el día que iba a tener mayor presión y tensiones de todo ese año; era una semana difícil en el trabajo, había deudas pendientes, una crisis político económica en mi país y una situación mundial conflictiva con desastres climáticos, terrorismo, guerras, hambre y en general todo lo concerniente al cambio de era que estamos atravesando, de la era industrial a la era de la información, lo cual me afectaba de sobremanera. Todo lo que sucedía era un simple motivo para fumar más; en vez de cinco cigarrillos diarios, quizás aumentar a dos cajas para sentirme mejor y aliviar todos mis problemas.

Éste es el tercer paso y aspecto clave dentro de mi secreto para dejar de fumar: comenzar a hacerlo el día de la semana en que tengamos más presión. Aprendí esto de mis primeros intentos; en días calmados, vacaciones o fines de semana podía tener un buen comienzo pero entonces venía el fracaso cuando comenzaba la tensión, el estrés y las presiones del trabajo. Por eso quise solucionar y corregir ese error comenzando esa semana; recuerdo que era un 11 de julio un día muy convulsionado políticamente, tenía mucho trabajo en el consultorio, había marchas de protestas en mi país, me llegaron las cuentas de un trabajo de investigación que estaba haciendo las cuales se salían de mi presupuesto, se recordaban 10 meses de la tragedia del 11 de septiembre y esa mañana no me sentía bien.

Me desperté muy temprano como de costumbre; traté de ir al baño con mi café, pero esta vez sin mi cigarrillo y tuve estreñimiento. En mis días de despedida y entrenamiento me hubiera fumado en el baño un cigarrillo, pero esta vez no lo hice. Salí de mi casa con mi cajetilla de cigarrillos en mi bolsillo y mi encendedor en el otro, pero no los utilicé. Normalmente y como ustedes saben, en el tráfico que me tomaba una hora para llegar de la casa a mi trabajo ya no fumaba. Para este momento, las 8:00 de la mañana, me sentía extraño pero no muy mal; de todos modos ya llevaba una semana sin fumar en el carro. Una vez en el consultorio, confieso que el día me pasó rápido y tuve tanto trabajo que ni siquiera pude almorzar ni fumar en el almuerzo o tomar café; el ajetreo y el apuro fueron los remedios para la ansiedad de ese día.

Noté algo muy interesante; ese fue el día en que me di cuenta de que no necesitaba nicotina para trabajar. El hecho de haber estudiado toda mi carrera universitaria, el post grado y mis siete años de trabajo acompañado de nicotina, me hacían pensar que mi éxito profesional estaba directamente asociado a ella y que en su ausencia me iba a desplomar, no iba a poder pensar, no me iba a poder concentrar, las cosas me iban a salir mal, los tratamientos operatorios no me iban a quedar bien y, en general, pensaba que no iba a poder trabajar sin nicotina; de hecho, ésa era una de mis principales preocupaciones para dejar el cigarrillo. Pues estaba equivocado; los tratamientos de ese día me quedaron igual de bien que siempre, yo diría que hasta mejor. Entonces, rompí el primer maleficio o mi primera creencia errónea; sí se puede trabajar sin nicotina, sí se puede pensar.

Llegué a mi casa después de otra hora de tráfico sin fumar, escuchando buena música en la radio, aguantando y comenzando a sentirme muy ansioso. Una buena cena que mi esposa me preparó, calmó esa ansiedad indescriptible y, con el estómago lleno y sin fumar después de la comida, me acosté a dormir sin fumarme el último cigarrillo. En total, NO FUMÉ en todo el día. Naturalmente, no pude conciliar el sueño en toda la noche y me quedé mirando al techo, pensando.

¿Ha pensado usted cuál es la próxima semana de mucha tensión y presión en su vida? Comience a disminuir la cantidad de cigarrillos hasta fumar solamente los que sean necesarios la semana previa para entrenarse y despedirse y deje de fumar el primer día de la semana de grandes tensiones.

Capítulo IV

Cuarto paso

Medicinas que ayudan

Amanecí totalmente trasnochado y de mal humor; el mal humor se debía más al hecho de no haber dormido que a la abstinencia de nicotina. Otra vez fui al baño con mi café negro sin fumar y tuve de nuevo estreñimiento. Salí enojado a trabajar, la hora de tráfico se me hizo interminable y aunque llevaba conmigo la cajetilla de cigarrillos completa en caso de emergencia, no fumé. Mi humor era tan malo que no podía afrontar el día de esa manera; modifiqué los horarios de mis pacientes y fui adonde un médico amigo mío al cual le conté que estaba en mi segundo día de no fumar y que no me sentía del todo bien sobre todo con los cambios de humor. El doctor, después de realizar mi historia clínica y discutir conmigo los efectos secundarios, me calmó y prescribió un récipe específicamente para mi caso en particular y acorde con mis antecedentes familiares y médicos para que utilizara parches de nicotina en la dosis más alta y Bupropión, un antiguo antidepresivo muy discutido por los médicos que ha demostrado ayudar a disminuir las ganas de fumar. Medicinas de prescripción similares que son utilizadas actualmente para estos propósitos incluyen derivados de Vareniclina, Clonidina y Nortriptilina. Hasta el momento, la Federación de drogas y alimentos (FDA) de los Estados Unidos solamente ha aprobado dos medicinas que no contienen nicotina que son a base de Bupropión y Vareniclina para la terapia de cesar de fumar. Luego de colocarme el parche de nicotina que compré en el supermercado y que forma parte de la terapia de reemplazo, sentí un alivio inmediato y volví a experimentar la sensación de nicotina recorriendo mi cuerpo; sentí un pequeño mareo pero mi humor se mejoró considerablemente. Afortunadamente, en ese entonces los cigarrillos electrónicos no se habían inventado. Para los propósitos de este libro guía, los cigarrillos electrónicos no son la opción más acertada para abandonar completamente el cigarrillo. Tomé el antidepresivo inmediatamente en la farmacia y las ganas de fumar disminuyeron por lo que mi humor volvió a la normalidad y pude trabajar, pero, cada minuto que pasaba, no dejaba de pensar en la necesidad que tenía de fumarme un cigarrillo. Luego, manejando hacia mi casa, volví a alterarme y llegue desesperado y con muchísima ansiedad; recuerdo que esa noche la comida no estaba lista y por primera vez discutí con mi esposa por ese asunto. Claro, antes hubiera aguantado el hambre fumando pero ahora no me podía controlar; finalmente comí bastante, me alivié y me acosté a dormir sin fumar y con una esposa disgustada, pero conversando en la cama le pedí que tuviera consideración y paciencia conmigo y me contestó que me iba a seguir brindando todo su apoyo. Me tranquilicé un poco, me quité el parche de nicotina y volví a tomar la pastilla, pero ésta fue mi segunda noche sin poder dormir.

Al día siguiente, tenía que hacer un viaje de trabajo por ida y vuelta en avión; en total iba a estar cuatro horas de ida y cuatro horas de vuelta volando. ¿Cómo se sentiría usted en estos viajes sin poder fumar?

Dejé mi vehículo estacionado en el aeropuerto, aguantando las ganas de fumar durante el largo camino y tratando de pensar en otra cosa. Durante el trayecto estuve mirando varias veces hacia el cielo, y la noche anterior revisé en las noticias el estado del clima para esa fecha; lo que la reportera anunció se estaba cumpliendo, el día estaba totalmente nublado y ya comenzaba a llover, se pronosticaba una tormenta severa. Una vez que entré en la sala de espera para abordar el avión comencé a sentirme intranquilo y nervioso como si algo me faltara, como si hubiera olvidado alguna cosa importante en mi casa; en realidad lo tenía todo, sólo me faltaba fumar. Cuando el avión despegó cerré los ojos y apreté con la mano izquierda con fuerza el parche de nicotina que llevaba en el brazo derecho tratando de forzar la entrada de la sustancia a través de mi piel hacia el torrente sanguíneo sintiendo cierto alivio por unos momentos. A las dos horas y media de vuelo se prendió por tercera vez el aviso de ajustarse los cinturones de seguridad y se anunció nuevamente turbulencia; para ese entonces, ya estaba completamente pálido, sudando frío, aferrándome con las venas brotadas a mi puesto del avión, leyendo los manuales de supervivencia y de qué hacer en caso de accidente, chequeando repetitivamente si el chaleco salvavidas se encontraba debajo de mi asiento y rezando. Afortunadamente fui precavido, había comprado en el supermercado chicles de nicotina y un inhalador nasal para estos casos de emergencia; comencé con los chicles porque ya no aguantaba más. Coloqué rápidamente uno en mi boca. Lo masticaba con fuerza y rapidez, lo mantenía debajo de mi lengua, tragaba y lo volvía a comenzar a masticar; a los pocos segundos empecé a mejorarme, el color de mi cara volvió a la normalidad, la tensión en mis brazos cesó y presenté alivio por una hora aproximadamente. Llegó finalmente la hora de aterrizar; llovía tan fuerte que no se veía nada por la ventanilla. El piloto anunció que el aterrizaje no iba a ser cómodo y que el avión iba a dar algunas vueltas hasta encontrar el momento preciso para bajar. Fue entonces cuando me desesperé; el incómodo vuelo, el estómago revuelto, los músculos tensos, el dolor de mi articulación por tanto masticar el chicle y los vacíos en los que caía el avión, hicieron que utilizara el último recurso que traía bajo la manga: el inhalador nasal. Inhalé con fuerza; los pasajeros que estaban sentados junto a mí se reían de mi situación, pero a mí no me importaba, sólo quería sentir la nueva dosis de nicotina que estaba recibiendo. De inmediato me mejoré y como en los buenos tiempos, hasta empecé a hablar de otro tema con mi pasajero vecino hasta que el avión aterrizó.

El vuelo de regreso estuvo mucho mejor; a pesar de que seguía nublado y con cierta turbulencia no hubo lluvia. En general se me hizo más corto, pude distraerme viendo la película y estaba más tranquilo porque sabía que contaba con el "kit" de emergencias. ¿Ha buscado usted consejos médicos para ver si alguna de estas medicinas puede aliviar en mayor o menor grado los primeros síntomas?

Capitulo V

Quinto paso

Contárselo al mundo

Amanecí en mi cuarto día peor que nunca; lo primero que hice fue pegarme el parche para aliviarme un poco y tomarme la medicina con el desayuno. Mi rostro se veía distinto, pero no crean que me veía mejor por dejar de fumar, más bien comencé a notarme unas sombras negras debajo de los ojos y una expresión de tristeza y cansancio. Quizás era por el viaje, pero en general, me sentía peor y comencé a dudar de lo que estaba haciendo. ¿Por qué tenía que sentirme así si antes cuando fumaba yo estaba perfecto?, pero un abrazo de mi esposa me borró esos pensamientos y volví al baño con mi café negro. Tuve estreñimiento otra vez y me empecé a preguntar a dónde iba toda esa comida que tragaba con desesperación; mi bajo estomago estaba inflamado y sentía malestar intestinal. Salí así a trabajar.

Empezando la mañana comencé a sentir un dolor insoportable en los intestinos y tuve que detener momentáneamente mi trabajo para ir al baño; sólo eran gases, me sentí mejor y me reincorporé a mis labores. Mis colegas preocupados me preguntaron qué me sucedía y yo para calmar mi angustia, comencé a decirle a todo el personal que éste era mi cuarto día sin fumar; sorpresivamente todos me felicitaron, me aplaudieron y apoyaron. Eso fue lo que me quitó el malestar que tenía y nuevamente pude trabajar exitosamente sin nicotina.

A media mañana bajé al restaurante del hospital al aire libre y como de costumbre, me senté en el área de fumadores, tomé desesperadamente un café negro lo cual me calmó, y tuve tiempo para observar por primera vez cómo era la actitud de las personas que fumaban a mí alrededor. Mientras disfrutaba del olor que ellos desprendían con envidia, veía sus caras y sus movimientos. Por primera vez observé que en vez de notarlos relajados como yo pensé que se verían, los percibía tensos en comparación con las personas normales que estaban cerca. Reflexioné por unos instantes y recordé que esa cara de tensión, bajando la cabeza, botando el humo hacia sitios donde no molestaran a los demás, con arrugas y expresiones de desesperación, era el mismo rostro que yo ponía cuando fumaba, así que comencé a verme en ese espejo. ¿Ha visto la expresión de su rostro en el espejo cuando usted fuma en público? ¿Se ha fijado en la cara de los demás fumadores? A pesar del aroma a mi alrededor que me provocaba fumar, esas caras y expresiones me contuvieron y subí más tranquilo a seguir con mi trabajo.

Ese día tuve tiempo de ir a almorzar con mi madre - el consultorio queda muy cerca de su casa - la comida me sabía muy fuerte y todo me parecía más salado, parecía que mi olfato y mis papilas gustativas estaban hipersensibles; mi madre me aseguró que la comida no tenía sal y fue entonces cuando salió el tema de mi intento final por dejar de fumar. De verdad tenía mucho tiempo que no la veía tan feliz; me abrazó y me dijo que me iba a brindar todo su apoyo pero que dejar de fumar era difícil, que en sus épocas se sentía como un león enjaulado y que el hacer ejercicios la ayudó mucho cuando ella dejó de fumar. También me contó que sustituyó la nicotina por la comida; efectivamente, desde que dejó de fumar tenía un sobrepeso de quince kilos que nunca se pudo quitar y que constituía su principal preocupación desde hacía años, pero me confesó que prefería verse así que matarse con el cigarrillo. Mi padre me comentó que es difícil, pero no imposible; me dijo que sí se puede y que sólo hay que saber aguantar.

Volví reconfortado al trabajo. Al llegar, mis colegas me preguntaron cómo iba el asunto del cigarrillo; la nicotina comenzó a ser el tema de la tarde y todos me hacían bromas al respecto. Estas bromas, el desahogarme con mis familiares, con mis colegas y personal de trabajo me sirvieron como terapia hablada que continué utilizando durante los siguientes meses preguntándole a personas de sus experiencias con el cigarrillo y hablando constantemente del tema. Sinceramente esto me hacía sentir mucho mejor y me ayudó a sobreponerme cuando mi situación comenzó a empeorar.

Esa cuarta noche, en la cual tampoco pude dormir, me quedé pensando en los rostros y expresiones de las personas que fumaron a mi alrededor; a su vez estaba sorprendido por la hipersensibilidad de mis sentidos y porque el color de mi lengua dejaba de ser marrón. También reflexioné acerca de varias cosas; entre ellas, en que tenía que cuidarme de no sustituir la nicotina por la comida, de hecho, inconscientemente en estos cuatro días ya lo venía haciendo; estaba comiendo más que nunca, con desesperación. A su vez me di cuenta de que llevaba años sin hacer ejercicios y que a pesar de que el deporte me hubiese ayudado a liberar mis nuevas tensiones, no tenía tiempo para ejercitarme por mi ajetreado trabajo; entonces, tenía que buscar por mi cuenta otra manera de aprender a controlar mis malos humores, mis ganas de fumar y mi ansiedad. Esa nueva manera la comencé a descubrir poco después de realizarme mis primeros exámenes médicos. ¿Se ha realizado usted últimamente algún chequeo médico para ver como se encuentra su corazón o sus pulmones?

Capitulo VI

Sexto paso

Mis exámenes médicos

La mayoría de las personas comienzan a dejar de fumar cuando después de unos exámenes médicos de rutina, o luego de alguna situación de emergencia, descubren que hay algo que no está bien en sus análisis de laboratorio o en sus radiografías. Entonces, ¿qué espera?, chequéese; además de conocer cómo se encuentra por dentro y por fuera, aproveche esto para tener una razón más para dejar de fumar independientemente de los resultados que obtenga.

En mi caso en particular no utilicé estos exámenes como un incentivo pues ya yo había comenzado a dejar de fumar cuando me hice estas pruebas.

A pesar de que externamente me veía bien y de que internamente no me sentía mal, quise hacerme un chequeo médico general para ver cómo estaba después de fumar una caja al día por doce años. Cuando era fumador no me cansaba mucho al hacer actividades físicas; no tenía una tos crónica, no se me veía la piel muy arrugada, mis dientes no se habían manchado del todo - pues sólo habían cambiado un tono hacia el amarillo - y mi voz no se había tornado más gruesa ni ronca; sólo se notaban algunos puntos negros en la piel de mi nariz, escupía todas las mañanas una flema marrón y después de hacer el amor quedaba con la respiración muy agitada como si me faltara un poco el aire; pero en líneas generales, me sentía muy bien.

Me realicé radiografías de tórax y exámenes de sangre y para ver si había algún cambio o manifestación de que algo no estuviera bien. Mis radiografías no mostraron nada fuera de lo común o que llamara la atención. Aparentemente, tenía los pulmones todavía en buen estado después de doce años de estar envenenándolos con el humo del cigarrillo; les confieso que el día que me tomé estas radiografías estaba muy asustado de que me encontraran algo "maligno" en los pulmones sobretodo por la flema marrón que escupía todas las mañanas; pero afortunadamente no fue así por lo cual me sentía bastante aliviado. La situación cambió cuando me dieron los resultados de mis exámenes de sangre. A pesar de que no estaba tan asustado con esta prueba como con las radiografías del tórax, me encontraron la hemoglobina muy alta al igual que el colesterol. La hemoglobina muy alta la tienen normalmente aquellas personas que viven en las alturas como en las ciudades o los pueblos de las montañas, para compensar la poca cantidad de oxígeno que existe en estos sitios. Mi residencia no queda en las montañas ni vivo actualmente en las alturas; pero por algún motivo, había una deficiencia en la cantidad de oxígeno en mi sangre que hacía que la hemoglobina estuviera en estos niveles tan altos para compensarlo; el motivo había sido el cigarrillo. Tuve que ir al médico internista y al cardiólogo; ellos me explicaron y yo entendí que cuando esto ocurre la cantidad de oxígeno que va al cerebro disminuye; puede haber cansancio, agotamiento y pérdida de concentración y, que a su vez, este tipo de pacientes tiene la sangre más espesa que la de una persona normal. Esta sangre espesa, más un colesterol alto por mis antecedentes familiares, más nicotina en la sangre si fumara, son tres factores que pudieran predisponer a un paciente con mi historial y tan joven como yo a un infarto cardíaco prematuro que pudiera presentarse cuando tuviera 50 años de edad aproximadamente. Los doctores me recetaron unas medicinas que debo tomar durante toda la vida y que en general las toman las personas con problemas cardíacos que me duplican la edad. Además, tuve que hacer una prueba de esfuerzo y una espirometría las cuales pasé afortunadamente sin ninguna novedad. Me mandaron a comenzar también con una rutina de ejercicios físicos. Esto último no lo pude cumplir porque debido a mi exigente trabajo no tenía tiempo para ejercitarme.

Los doctores me comentaron que prácticamente dejé de fumar a tiempo ¿Está usted a tiempo para dejar de fumar? Estos son los momentos en los que uno piensa: "menos mal que dejé de fumar", y: "qué bueno que me hice estos exámenes de descarte", si no, nunca me hubiera percatado de esto y probablemente, en un futuro próximo hubiese tenido otra historia. Estos instantes de saber que no tenía nada "maligno" son, junto con otros factores, los que más adelante me inspiraron y ayudaron cuando me dio mi primera crisis nerviosa.

Capitulo VII

Séptimo paso

El síndrome de abstinencia

Llevaba cerca de un mes sin poder dormir. Al quinto día de haber dejado la nicotina comencé a ir al baño irregularmente y en horarios no habituales que a veces me ponían en aprietos sobre todo al comienzo de la hora de tráfico durante mi regreso del trabajo. Las ojeras eran evidentes, mi desgaste físico se notaba con facilidad. Todo seguía bien en el trabajo; terminé el tratamiento de los parches de nicotina y del medicamento antidepresivo por mi cuenta. Fue entonces cuando mi malestar empeoró.

No sé que me pasaba, pero una mañana en el camino hacia mi trabajo no me sentía bien. "Me sentía mal pero no me dolía nada, me sentía enfermo pero no tenía fiebre, me sentía triste pero no existía motivo, estaba deprimido pero no había razón, sentía que me faltaba algo importante en mi vida pero lo tenía todo": tenía el síndrome de abstinencia. La abstinencia la describo como aquellos cambios conductuales, fisiológicos y cognitivos, que ocurren cuando las concentraciones de nicotina en la sangre o en los tejidos declinan, después de haber mantenido un fuerte o prolongado consumo de la substancia.

Al mes de no poder dormir y de sentirme con una depresión que nunca antes había experimentado, esa mañana durante la hora de tráfico para ir al consultorio llamé a mi esposa por el teléfono celular y le conté lo que me estaba sucediendo; ella preocupada me preguntó si me dolía algo, si tenía fiebre o qué tenía, yo le contesté que tenía "dolor del alma" y que el único remedio para quitarme ese dolor era fumarme un cigarrillo.

Esa mañana me desvié hasta la casa de mi madre; llamé por teléfono al consultorio y suspendí todos los pacientes. Mi madre estaba asustada; nunca antes me había visto así, ni siquiera durante mis múltiples enfermedades infantiles, fiebres, amigdalitis o neumonías. Me sentó en un sofá, me quitó los zapatos y me hizo un té de manzanilla para relajarme. Eso no ayudó mucho; estaba presentando mi primera crisis nerviosa y la solución era llamar a un especialista. Me sentía de emergencia, como cuando uno tiene un dolor de muelas insoportable y la única solución es llamar de urgencia al odontólogo, pero esta vez con un dolor en el alma. Llamamos a todos los psiquiatras que pudimos y todos estaban ocupados o tenían citas para otros días; tuve que tomar una cita para la semana siguiente con un buen especialista y aguantar. ¿Cómo le ha ido a usted en sus primeros días sin nicotina?

Capítulo VIII

Octavo paso

Segunda crisis nerviosa

Pasaron cinco días más de sufrimiento. En las mañanas no me provocaba salir a trabajar después de pasar esas malas noches sin dormir y mañanas con estreñimiento, me sentía sin ganas de hacer nada, los fines de semana me quedaba en la casa, no llamaba a mis familiares ni a mis amigos, me sentía totalmente deprimido y mi esposa estaba muy preocupada. Sabía que mi error era el no liberar estas tensiones haciendo ejercicios físicos, pero la verdad es que en ese preciso momento no me provocaba. Llegó el día sábado por la noche y tuve que recurrir al alcohol.

No me había provocado cenar, tenía unas ganas incontrolables de fumar y comencé a tomar cerveza para quitarme "todos los males". Me tomé 12 cervezas en mi casa hasta que se acabaron y me encontré con una botella de whisky. Estaba tomando sin fumar pues ya llevaba un mes y varios días sin encender un cigarrillo.

A la mañana siguiente amanecí con un dolor de cabeza y con mi esposa llorando. No recordaba lo que había hecho; sólo pude ver que la botella de whisky estaba vacía y una cajetilla de cigarrillos tirada en el piso con todos los cigarrillos completos doblados y aplastados en mi cenicero del Amazonas que se había roto y al que se le habían desprendido dos fragmentos de arcilla.

Luego de pedirle perdón a mi esposa por varias horas ella me contó lo que había pasado; me dio mi segunda crisis por abstinencia de nicotina y mi depresión parece que fue indescriptible. Después de varios vasos de whisky comencé a llorar descontroladamente; parecía un niño llorando cuando le quitan su juguete. Mi juguete era la nicotina. Esa noche mientras lloraba saqué mi cajetilla de cigarrillos que todavía no había botado a la basura y que guardaba en mi gaveta y comencé a olerlos con desesperación y a lanzarlos por toda la habitación y apretarlos contra el cenicero; mi esposa me contaba que parecía un loco descontrolado, me puse agresivo verbalmente y amenacé con fumar. Ella trataba de convencerme y estalló en llanto. La situación se tornó tensa pero finalmente me convenció de no fumar; terminé con una esposa asustada que no tenía culpa de nada, que se quedó dormida llorando mientras yo veía el televisor solo y borracho. Realmente necesitaba de ayuda profesional; menos mal que tan sólo me faltaban dos días para la cita con el psiquiatra.

Capítulo IX

Noveno paso

Comenzar de cero

Fueron momentos de lucha, estaba peleando contra mi mismo; tenía todo en mi contra, tenía las de perder, la nicotina era más fuerte que yo y no podía ganarle a la adicción. Todo me decía que volviera a fumar: mis pocas ganas de trabajar, los inconvenientes con mi esposa, la preocupación de mi familia y mi fuerza de voluntad; sí, mi fuerza de voluntad me decía que fumara, esa era mi verdad. Entonces, ¿qué me sucedió, por qué aguanté?, ¿por qué no fui a comprar una nueva caja y asunto arreglado? Sencillamente, porque no quería volver a pasar por todo esto de nuevo; ya había superado el mes, ya no había dormido por varias semanas, ya había pasado por el estreñimiento, por el mal humor, por el apetito descontrolado, por la pérdida del control, por el síndrome de abstinencia y por dos desagradables crisis nerviosas por no hacer ejercicios. Si volvía a fumar, pensé que igualmente en algún futuro ya fuera próximo o lejano, iba a tener que volver dejar de fumar y volver a pasar por todo esto, y, sinceramente, no lo iba a soportar una vez más. La solución que encontré para este momento fue nacer de nuevo; sí, comenzar desde cero, romper las ataduras, cambiar mi historia y aprender otra vez a controlar la ansiedad pero esta vez sin nicotina, como las personas normales y eso fue lo que hice. ¿Ha pensado usted en aprender desde cero a controlar su ansiedad, como las personas normales, sin nicotina?

Hubo varios momentos por los que pasé que nunca podré olvidar; de cómo perdía el control y cómo tenía que aprender a retomarlo desde cero. Tuve situaciones muy simples y sin importancia como el día en que estaba apurado y necesitaba ponerme una camisa para salir a trabajar, pero en la puerta del closet mi esposa había colocado un seguro nuevo que yo no sabía como abrir. El apuro, más la impotencia de no poder abrir el closet, me causaron ansiedad y perdí el control comenzando a sacudir el closet con fuerza con ganas de romper las puertas. Parecía que las iba a arrancar de la pared; mi esposa se asustó y me preguntó que si estaba loco a lo cual le contesté: "sí, loco por fumar". Nos reímos y me autocontrolé; luego con más paciencia y destreza abrí el closet, saqué mi camisa y salí a trabajar. Para esa situación la solución fue tomármelo en broma; total, la risa siempre es el mejor remedio y así pude controlar ese momento de ansiedad, sin nicotina.

Otra situación, esta vez más importante, sucedió cuando dos pacientes llamaron a última hora a suspender sus citas y me quede sin hacer nada, con el país un desastre, el terrorismo sin control, deudas por doquier y mucho en que pensar; todo esto me causó ansiedad y como el ocio trae al vicio, me provocó fumar. Tuve que salirme de la clínica, perdí el control y me fui a caminar sin rumbo.

Caminé por tres horas velozmente, tenía que liberar la tensión de alguna manera, terminé viendo vitrinas en un centro comercial que quedaba a cierta distancia del consultorio. No sé cómo llegué hasta allí ni sabía qué estaba haciendo, pero de pronto retomé el control por mí mismo. Cuando esto sucedió estaba en frente de una gran librería; me puse a leer los títulos de los libros más vendidos, de libros de autoayuda, de superación personal y de una cantidad de temas tan interesantes que tuve que entrar a la tienda. Lo primero que pregunté fue si tenían algún libro que me ayudara a dejar de fumar o que se titulara: "cómo dejar el cigarrillo", "el tabaco y yo", "viva la nicotina", "deje de fumar en tres días" o "bote el cigarrillo y hágase millonario" pero no encontré ninguno; fue entonces cuando me propuse escribir este libro.

Estoy seguro de que si en aquel momento hubiese encontrado algún libro relacionado con esto me hubiera ayudado muchísimo. La solución a este segundo momento de pérdida de control fue distraer mi ansiedad con el ejercicio de caminar, con el placer de leer y con la bendición de pensar en éste, su libro. No fumé y controlé la situación sin la nicotina. Respiré profundo, comencé de cero, me devolví a tiempo a atender al siguiente paciente y trabajé perfectamente con todo bajo control.

¿Ha aprendido usted a retomar el control de su ansiedad desde cero como lo hice yo?

Capitulo X

Décimo paso

Ayuda Profesional

Aunque generalmente a las personas no les gusta, le temen o no están acostumbradas a solicitar ayuda profesional, a pesar de que suene redundante, de que ayuda a dejarlo, ayuda, y eso es realmente lo que importa. Finalmente llegó el día; mi primera cita con un psiquiatra. Era uno de esos días en los que amanecí muy mal pero estaba contento por eso porque viviendo la sensación me iba a ser más fácil de explicársela al doctor. Cuando la secretaria me dijo en la sala de espera que ya era mi turno, entré muy dispuesto a curarme y cuando pasé al consultorio del psiquiatra quedé maravillado. Reconocí inmediatamente el olor que había en el ambiente; vi adornos de pipas por doquier y un gran cenicero con cuatro cigarrillos de diferentes marcas apagados. El doctor tenía una pipa en la boca; lo primero que pensé fue que estaba en el sitio indicado porque yo sabía que solamente una persona que fumaba podía entenderme y ayudarme.

En seguida nos sentimos identificados y el médico entendió mi problema. Al principio se inhibió de fumar preocupado por mi salud pero yo le dije que fumara sin preocupación, que ese olor me traía buenos recuerdos. Me hizo mi historia clínica preguntándome todos mis antecedentes familiares y cuántos miembros de mi familia fumaban, entonces le conté la historia de mi padre y de mi madre. Me preguntó de mis antecedentes personales y le expliqué todo hasta llegar a mi estado de ansiedad actual. Los cuarenta y cinco minutos de la cita pasaron rápido y fueron muy agradables para ambos; finalmente el médico me dijo que todavía era muy pronto para dar un diagnóstico definitivo pero que él pensaba que había un cuadro de depresión transitoria producida por la abstinencia de nicotina, mi arduo trabajo y la situación actual del país. Me recetó un antidepresivo en bajas dosis por cuatro días a ver como me iba y me mandó unas píldoras ansiolíticas en bajas dosis para calmar la ansiedad y conciliar el sueño porque le preocupaba de sobremanera el hecho de que llevaba más de un mes sin poder dormir. También, me indicó hacer ejercicios físicos. Me recalcó que en caso de cualquier crisis nerviosa, lo llamara sin reparo. La crisis no ocurrió; sinceramente las pastillas para la depresión no me hicieron sentir ningún cambio notorio ni tampoco pude dormir mejor los primeros días. Solamente noté que mis ganas de fumar disminuyeron y eso para mí ya era muy significativo.

Después de la segunda cita y de comenzar a ejercitarme todo empezó a cambiar. Increíblemente comencé a sentirme mejor; además de la terapia hablada, hubo un cambio en mi tratamiento: me aumentó la dosis del ansiolítico en la noche y me indicó que descontinuara el antidepresivo. Por fin pude dormir después de varias semanas; sinceramente no lo podía creer. Pensé que era cuestión de suerte, pero a la siguiente noche volví a conciliar el sueño como un bebé. Ya me levantaba en las mañanas de mejor humor, iba con mejor disposición al trabajo y mi esposa estaba más contenta. La ansiedad, los malos humores y la pérdida de control fueron desapareciendo junto con las ganas de fumar. Pronto cumplí dos meses sin nicotina en mi sangre y por fin comencé a verme físicamente mejor; las ojeras estaban desapareciendo, mi decaimiento se esfumó y sorpresivamente no había aumentado de peso porque siempre estuve pendiente de no sustituir a la nicotina con la comida y de continuar con mi alimentación baja en grasas y en calorías.

Seguí asistiendo semanalmente a mi tercera cita, a la cuarta y cada vez el psiquiatra me encontraba mejor. Ya las citas se distanciaron a cada dos semanas pero a pesar de esto no podía dejar de pensar en la nicotina; en lo bien que me sentiría fumándome un cigarrillo, en por qué otras personas si podían fumar y yo no, en por qué veía a ancianos de noventa años que estaban fumando y todavía estaban vivos y aparentemente sanos y hasta llegué a pensar en una estrategia para comenzar a fumar de nuevo a los setenta años para que así los efectos tardíos del cigarrillo no dejaran huella en mí. Parecía que estaba obsesionado, todo el día hablaba de eso, a lo mejor esa era mi mejor terapia para desahogarme; pero a pesar de todo ya llevaba más de tres meses sin fumar, ya había terminado con mi tratamiento medicamentoso y con la ayuda profesional.

Poco a poco pasaron los días, las semanas y los meses. Pronto perdí la cuenta de cuantos días tenía sin fumar y fue lo mejor que pude haber hecho porque cuando no contamos los días, inmediatamente rompemos con las ataduras y así ya no nos quedan cuerdas que nos amarren a la adicción. Al estar constantemente calculando los días permanecemos como un barco atado al puerto sin la posibilidad de zarpar; por esto, un sabio consejo es olvidarse de cuantos días llevamos sin fumar para que el barco pueda navegar con toda libertad. Para este momento, me encontraba totalmente limpio tanto de nicotina como de medicamentos y comenzaba a sentirme mejor; ya me estaba acostumbrando a mi nueva vida y realmente me gustaba. Ya era un hombre normal, ya sabía controlar mi ansiedad, sin ataduras, ya no tenía episodios de crisis nerviosas, comenzaba a seguir mis nuevas rutinas, ya cuando iba al automercado a hacer las compras y pagaba en la caja donde me vendían mis cigarrillos anteriormente ni siquiera los miraba; mi vehículo ya no olía a cigarrillo, ni mi baño, ni mi ropa. Ese desagradable olor había desaparecido totalmente de mi casa y de mi vida. En mi trabajo todo mejoraba y ni hablar en mi matrimonio; mi esposa estaba verdaderamente contenta y sentía que la valoraba. Podía dormir perfectamente y mis ganas de ir al baño se regularizaron totalmente y sólo con ir acompañado con mí café negro era más que suficiente. Ahora veía la vida con más tranquilidad, con más independencia y con toda libertad; sin embargo, en mi mente los recuerdos de la nicotina todavía estaban presentes, pero esos recuerdos se borraban cuando comenzaba a ejercitarme. ¿Ha experimentado usted finalmente esta mejoría como la he experimentado yo?

Tercera parte

Capítulo I

Rutas de escape

Generalmente cuando uno lleva tantos años sin hacer ejercicios no es fácil reincorporarse aunque sea para una causa tan noble como la de liberar tensiones durante las primeras etapas de abandonar una adicción; pero a la hora de hacerlo se puede elegir entre varias opciones. La primera de ellas es volver a hacer el ejercicio o el deporte que más le gustaba hacer cuando era niño; la segunda es comenzar con una rutina de ejercicios totalmente nueva y que esté a la moda y la tercera, es hacer ejercicios que sean prácticos, sencillos y que no necesiten de ningún lugar ni de ningún tipo de aparatología para realizarse. Lógicamente todo esto dependerá de la edad, las posibilidades económicas, del tiempo y de la disposición que tenga usted, el nuevo deportista.

De niño, yo solía practicar tres deportes: el béisbol, el fútbol y la natación, el béisbol es un deporte excelente, enseña la importancia de trabajar en equipo y es muy divertido pero también necesita de un sitio o campo para realizarlo y de un guante, una pelota y un bate como mínimo para poder jugarse. El fútbol, un deporte sano y emocionante, necesita al menos de un balón y de otra persona para llevarse a cabo al igual que de un campo para desarrollarse. A pesar de los buenos recuerdos que a mi mente traían estos deportes y al seguimiento que les hacía por televisión durante toda mi vida, decidí comenzar con la tercera opción. La natación, catalogada como uno de los deportes más completos, también requiere de un sitio específico para practicarse, sin embargo, fue el ejercicio que yo comencé a hacer para empezar a liberar mis tensiones porque ya lo conocía e inclusive había ganado varias medallas nadando durante mi adolescencia. Al principio me fue muy bien pero por el largo trayecto que había que conducir desde mi casa o desde mi trabajo a la piscina tuve que dejarlo por falta de tiempo.

Inscribirme en un gimnasio fue otra de mis alternativas. Está de moda, uno siempre se encuentra con amistades, hay música, nuevos suplementos dietéticos, nuevos ejercicios, nuevas máquinas, modernas pesas y nuevos ritmos, pero no siempre es accesible a todos por el alto costo de la inscripción y las elevadas mensualidades que hay que pagar. También siento que hay veces que las personas van más a saludar y exhibirse que a hacer ejercicios efectivamente; por lo tanto, descarté por los momentos esta posibilidad.

Mi opción definitiva, para mí fue la más acertada. Finalmente encontré mi ruta de escape; comencé a caminar, podía hacerlo todos los días, no necesitaba ropa ni aparatología especializada, podía hacerlo inclusive en mi trabajo, no costaba ni un centavo, quemaba calorías y grasas, liberaba tensiones y ejercitaba el músculo más importante de mi cuerpo: el corazón. Si veía en mi agenda que el día iba a ser muy complicado e iba a llegar tarde a mi casa, estacionaba mi vehículo lo más lejos posible de la puerta de entrada al hospital y caminaba. Si tenía tiempo entre paciente y paciente, salía un rato y caminaba; si tenía ánimos, en vez de subir o bajar por ascensor, subía o bajaba por las escaleras y caminaba y si no, salía por las cercanías de mi casa en la noche o muy temprano en la mañana para caminar. Podía caminar en cualquier momento del día; claro, a excepción de cuando estaba en mi vehículo atascado en el tráfico. ¡Qué bien me hacía caminar! Me relajaba, me daba tiempo para pensar y muy poco de esos pensamientos se relacionaban con la nicotina. Pero, a pesar de esta nueva ruta de ejercicios y mi excelente nueva calidad de vida, aún existían momentos en los que tenía que estar muy pendiente no caer en las tentaciones. ¿Ha caído usted en alguna tentación?

Capítulo II

Tomar sin fumar

Es bueno recordar que el adicto no sólo fuma en situaciones difíciles y de alto estrés sino también fuma en ocasiones placenteras y de disfrute. Una de esas ocasiones gratas ocurre al beber licor; sí, para un ex fumador la prueba de fuego es el alcohol. Cuando me tomé mi primera cerveza sin fumar no me causó gracia, no disfruté del sabor, no la sentía igual, me daba la impresión de que estaba tomando agua. A la segunda y tercera cervezas, cuando comienza el mareo y la relajación, me dieron unas ganas de fumar incontrolables. Para ese entonces, todavía conservaba mis cajetillas "por si acaso".

Ése es uno de los momentos en que uno no debe dejarse llevar. Probablemente a usted le toque vivir ese momento en una reunión con amigos que fumen y que le ofrezcan un cigarrillo; en una noche de discoteca con el ambiente ideal para volver a fumar, en un soleado día de playa en donde una cerveza para el calor y un buen cigarrillo nunca caen mal o en una noche de frío y soledad en donde el cigarrillo y un brandy pueden ser buenos acompañantes. ¿Qué debe pensar uno en esos momentos y en esas situaciones?, ¿cómo podemos aguantar una tentación tan grande? Ese día yo lo hice sencillamente con el nuevo control que estaba aprendiendo a utilizar, con mi nueva historia, con fuerza, con paciencia, con energía, con aplomo, con la cabeza en alto, con un sufrimiento digno de soportar y seguí tomando mis cervezas como de costumbre, pero sin fumar. Otro día me sucedió lo mismo pero tomando whisky. Necesitaba fumar pero no lo hice; mantuve mi control de la ansiedad como las personas normales y les juro que seguí disfrutando de mi bebida sin ningún problema porque aprendí a lograrlo desde cero y sí pude hacerlo.

En otra oportunidad fui al matrimonio de un amigo mío de la infancia y me encontré con varias amistades que fumaban. Cuando saludé al primero de ellos, le comenté que había dejado de fumar y graciosamente me dijo con un cigarrillo en la mano:"entonces no te me acerques". Al saludar a otro compañero que estaba fumando, me contó que él había dejado de fumar por cuatro meses pero por haber fumado un solo cigarrillo un día cuando se estaba tomando un trago volvió a caer en el vicio; por eso me recomendó que por nada del mundo fumara ni un solo cigarrillo, ni uno, en ningún momento ni en ninguna ocasión sobre todo cuando estuviera tomando porque el riesgo de recaer es muy alto y se puede perder todo el trabajo realizado, todo el sufrimiento vivido y todos los buenos resultados obtenidos. Ése es mi consejo y eso fue lo que yo hice; una vez que dejé de fumar no agarré ni uno solo más ni siquiera cuando tomaba alcohol, ni en reuniones sociales, ni en fiestas, ni en la playa o en alguna situación de extrema ansiedad en el trabajo, en el hogar, en el país o en el mundo, ni al recibir una excelente noticia, ni siquiera para celebrar que hubiera ganado la lotería o por más que lo necesitara. Algunas veces cuando me pasaba de tragos, estaba mareado o perdía el control de mí por exceso de bebidas, eran los momentos claves y determinantes para no dejarme llevar ni retomar el vicio; sé que serán momentos tan difíciles para usted como lo fueron para mí pero les confieso que sí se puede.

Hoy por hoy, ya aprendí a disfrutar de mis tragos como cuando fumaba e inclusive he bebido y conversado con personas que están fumando. No puedo negar que el agradable aroma es tentador pero realmente hoy día, no me arrastra nuevamente hacia el vicio. ¿Ha aprendido usted a tomar sin fumar, si es que usted bebe, como lo hice yo?

Para mí, fue importante en este aspecto, escuchar consejos y vivencias de otras personas que ya no fuman.

Capitulo III

Consejos y vivencias

Aunque la mayoría de las personas que dejaron de fumar parecen haber olvidado los años que fumaron y lo que les costó poder dejarlo, hay otras que sí lo recuerdan muy bien.

La hermana de mi esposa dejó de fumar hace un año; ella era del tipo de fumadoras no tan enviciadas; solamente fumaba pocos cigarrillos diarios y generalmente lo hacía cuando estudiaba con sus amigas que también fumaban o en reuniones sociales a las cuales frecuentaba. Ella se encontraba en ese momento de la vida en que se estaba transformando de adolescente a mujer y por ello quería modificar ciertos errores y comportamientos que le habían causado algunos inconvenientes en su adolescencia; entre ellos, el hábito de fumar. Un día se dijo a sí misma: "desde hoy no fumo más". Fue un 24 de agosto, y hoy por hoy lleva 15 años sin fumar; me cuenta que en realidad el síndrome de abstinencia para ella no fue difícil, solamente le provocaba un cigarrillo en ciertas ocasiones. A lo mejor se sintió un poco mal la primera semana y al tercer mes solamente; al principio subió un poquito de peso pero al poco tiempo regresó a su figura normal. Hoy me relata que su esposo le dijo que nunca se hubiera fijado en ella si todavía fumara.

Un amigo de mi esposa parece que recordaba alguna de las cosas que le sucedieron cuando dejó de fumar hace 28 años; cuando le comenté que estaba dejando el cigarrillo me dijo que debía tener paciencia, que simplemente había que aguantar, que sí se podía; me comentó que en su momento comenzó a hacer ejercicios y que ése era el mejor remedio para dejar de fumar. De todo lo que me dijo, me llamó la atención un comentario acerca de la virilidad y la potencia sexual. Según su experiencia, al dejar de fumar se sintió más poderoso sexualmente; inmediatamente me sentí identificado porque yo había sentido que me estaba sucediendo lo mismo y por supuesto, mi esposa estaba muy contenta.

Un doctor amigo mío dejó de fumar hacía 14 años porque un día comenzó a jadear y no podía respirar; él fumaba tres cajas diarias y su médico le dijo que si seguía fumando podía costarle la vida. Mi amigo, de religión Judía, fue a donde el Rabino de la localidad y le hizo una promesa de que no iba a fumar más nunca. Hasta ahora la ha cumplido; él si aumentó unos diez kilos de peso pero dejó de fumar por él y por sus hijos. Mi amigo siempre bromea con que todavía le provoca fumar y a manera de chiste me dice que a veces le provoca ir donde el Rabino a romper la promesa.

Una pareja de amistades fumaban los dos juntos, de hecho se conocieron y se casaron fumando y estaban muy felices, pero cuando ella supo que estaba embarazada la situación les cambio. Se prometieron que iban a dejar de fumar a la vez como regalo para su primer hijo y así lo hicieron; cuentan que el sufrimiento fue enorme pero que tenían la ventaja de comprenderse el uno al otro, de poder hablar de lo que cada uno de ellos sentía y entenderse mutuamente para poder aguantar y aprender a controlar su ansiedad desde cero. Lo que más me llamó la atención de su relato fue que la esposa soñaba todas las noches que estaba fumando. Hoy por hoy llevan 16 años sin fumar, tienen una hija preciosa y están felices.

Una señora amiga mía me contó que cuando dejó de fumar hace muchos años, tuvo una depresión horrorosa y me describió cómo clasificó sus depresiones por etapas. Los primeros días sin fumar fueron para ella momentos de mucha tristeza; la depresión se repitió exactamente a los tres meses y tuvo que solicitar ayuda profesional. Luego, comentó que al primer año sintió otra crisis por abstinencia de nicotina y relata que la última la padeció a los 7 años de haber dejado el hábito; la señora también acotó que hoy en día todavía hay momentos en los que le provoca un cigarrillo, pero mi amiga tiene 33 años que no fuma y cambió su historia para siempre. ¿Ha comenzado usted a cambiar su historia?

Capítulo IV

Historia del tabaco

El cigarrillo ha cobrado miles de victimas a lo largo de la historia. Se dice que la primera víctima del tabaco fue conocido como Rodrigo de Jeréz, quien embelezado por sus encantos lo llevó a España desde América en la época de Colón; pero al mostrarle a sus amigos y familiares el humo que salía de su boca fue enviado a prisión acusado de posesión diabólica.

Los sabios relatan que los aborígenes de América descubrieron el tabaco tres mil años A.C. cuando avivaban sus fogatas con ramas y hojas, llamándoles la atención que algunas de ellas producían un olor placentero y místico. El tabaco era utilizado principalmente para realizar sus rituales, para elevarse en sus ceremonias religiosas y con fines medicamentosos.

Para el mundo Europeo, la historia cuenta que cuando Cristóbal Colón descubrió América en 1492, también descubrió el tabaco. Un siglo después el tabaco ya se comercializaba en España en donde se conocieron los placeres y los castigos hacia esta nueva planta que más tarde se difundió por toda Europa llegando hasta los Países Bajos, Portugal, Inglaterra, Italia y Francia.

El nombre científico de la planta es Nicotiana Tabacum en honor a Jean Nicot, quien curó a Catalina de Médicis, reina de Francia, de sus fuertes migrañas con polvo de tabaco en 1560.

La planta ya se había difundido en Persia, Turquía, África, los Países Escandinavos y Rusia en el siglo XVII.

Mientras en el resto de Europa preferían la pipa, en España prevalecía el tabaco enrollado en forma de cigarro y cigarrillo. En el siglo XVII y XVIII, como un símbolo de la alta sociedad, se aspiraba rapé por la nariz mezclado con distintos perfumes. Llegando al siglo XIX se manufacturaban cigarrillos en Francia e Inglaterra.

No fue sino hasta mediados del siglo XX cuando se empieza a investigar la influencia del tabaco en la salud de una forma científica. En este período, la Organización Mundial de la Salud afirma que el tabaco es la primera causa previsible o evitable de muerte precoz. También, un informe del Real Colegio de Médicos de

Londres expone una mayor tasa de mortalidad por cáncer de pulmón en los fumadores de cigarrillos. A su vez, en los Estados Unidos, aparece un informe en donde se pone de manifiesto que la mortalidad general es en los fumadores casi el doble que en los no fumadores. Por su parte, el Congreso de ese país aprueba una ley que obliga a los fabricantes de cigarrillos a imprimir una advertencia sobre su influencia negativa en la salud. Es también durante el siglo XX cuando se celebra en New York la primera conferencia mundial sobre el tema "Tabaco y Salud". Así mismo, se prohíbe hacer publicidad de tabaco en la televisión y se celebra por primera vez el Día Mundial sin tabaco con el lema: "Tabaco o Salud"; hoy por hoy, cada 31 de Mayo se festeja el día de no fumar.

Yo comencé a formar parte de este relato en 1990 cuando empecé a fumar pero pude cambiar su curso 12 años después, el 11 de Julio del 2002, cuando mi cenicero del Amazonas pasó a ser historia.

Capítulo V

Cambio de historia

¿Y usted, ya cambió su historia?, ya sabe cómo se hace.

El primer paso es estar enfocado, decidido y contar con el apoyo de sus seres queridos y amistades.

El segundo, es ir disminuyendo la cantidad de cigarrillos como entrenamiento hasta sólo fumar los que sean necesarios.

El tercero, "el truco", es buscar un día de mucha presión, tensión y ansiedad para comenzar a dejar completamente el cigarrillo.

El cuarto es ayudarse con consejos médicos que receten medicinas de prescripción y/o de no prescripción existentes en el mercado para aliviar el malestar.

El quinto es contarle al mundo entero que dejó de fumar lo cual también le sirve de terapia hablada.

El sexto es salir de cualquier duda sobre cualquier secuela "maligna" que nos haya producido nuestros años de fumadores realizándonos un chequeo médico.

El séptimo es conocer los signos y síntomas del síndrome de abstinencia del cigarrillo para manejarlos con paciencia y saber aguantarlos.

El octavo es sobreponerse a las crisis nerviosas y en todo caso, evitarlas con rutas de escape como los ejercicios físicos.

El noveno es aprender desde cero a controlar la ansiedad, romper las ataduras, volver a nacer, volver a ser como las personas normales y cambiar su historia para siempre como lo hice yo.

El décimo y último es buscar ayuda profesional, si es necesaria.

… y no se olviden de no caer en tentaciones…

En este momento, me siento contento conmigo mismo; he logrado una meta, he superado un fuerte obstáculo, he aguantado sufrimientos y he aprendido a controlar mi ansiedad como las personas normales. Ya soy normal, me siento un héroe y soy feliz. Mi esposa, mi madre y mi familia se sintieron orgullosos de mí y hasta mi psiquiatra me comentó que he sido uno de sus mejores pacientes.

Mi historia sí cambió, cambió para bien, ya no fumo, he prolongado mi años para pasar con mi familia, he mejorado mi calidad de vida, ya me no me siento mal, ya le puedo dar el ejemplo a mis hijos, ya puedo correr con ellos sin cansarme, ya me puedo reír sin toser al final, ya puedo seguir con mis metas profesionales, ahora sí voy a conocer a mis nietos, ya voy a tener unos años dorados como los sueño y una muerte digna por lo menos sin enfisema pulmonar, cáncer asociado al hábito de fumar o infarto prematuro…

Mi cenicero del Amazonas está roto pero lo tengo de recuerdo. Lo guardo como testigo de mis años de fumador, como advertencia para mis hijos y como prueba de esta recopilación, pues cada colilla que fue apagada en él equivale a cada letra que aquí ha sido plasmada y escrita, a cada experiencia, palabra y vivencia que ustedes han podido leer en este libro.

El otro día salí con mi esposa para reunirnos con un amigo para tomarnos un café negro y hablar de proyectos de investigación. En plena conversación, mi amigo sacó su cajetilla de cigarrillos y su encendedor y me ofreció uno. Ante los hermosos ojos verdes de mi esposa y ante el asombro de mi colega, sin ni siquiera pensarlo y como si me saliera del alma, le dije con una sonrisa: "¡NO GRACIAS, NO FUMO!".

¡ …Y, sé que usted, ya es capaz de decir lo mismo…!

Nota final del autor:

Lo anteriormente escrito está basado en hechos de la vida real, en una experiencia de mi vida y la de mi familia. Mi nombre y algunas situaciones han sido modificados para evitar involucrar a todas estas otras personas dentro de mi historia.

Quisiera decir en esta nota final que ninguno de estos diez pasos puede ser llevado a cabo sin la ayuda de Dios, sin importar la religión que tenga la persona que esté leyendo este libro ni cual sea el Dios de su corazón. Quiero cerrar estas palabras reiterando que esa fuerza final, ese comenzar de cero, el corte de las ataduras, ese volver a nacer y el poder controlar la ansiedad de nuevo sin nicotina sólo puede sernos otorgados por Dios.

Daniel Feldman

www.ingramcontent.com/pod-product-compliance
Lightning Source LLC
Chambersburg PA
CBHW041228270326
41935CB00002B/10